La Libération Monétaire en Afrique

DM Ole Kiminta

Published by DM Ole Kiminta, 2024.

LA LIBÉRATION MONÉTAIRE EN AFRIQUE

First edition. November 6, 2024.

Copyright © 2024 DM Ole Kiminta.

ISBN: 979-8227778413

Written by DM Ole Kiminta.

Also by DM Ole Kiminta

How the Western Democracies failed the world
How the Western Democracies failed the world
Supporting Refugees in their Homelands
Tethered to the kitchen: Concerted global responsibility for Afghanistan
women's rights
Dissuading Global War Mongers:
Dissuading war mongers
Beyond borders: Afghanistan women's rights
La Libération Monétaire en Afrique

Table of Contents

Chapitre 1:
Introduction à la Libération Monétaire en Afrique
Contexte historique et économique

Le contexte historique et économique de l'Afrique est marqué par une histoire complexe d'exploitation et de dépendance. Depuis la période coloniale, les pays africains ont été intégrés dans une économie mondiale qui privilégie les pays développés, laissant souvent les économies locales fragilisées et dépendantes des importations. Cette dynamique a eu des répercussions profondes sur le développement économique de la région, rendant difficile l'émergence d'initiatives locales et d'une autonomie financière. Les monnaies locales ont souvent été affaiblies par des influences extérieures, créant un besoin urgent de repenser les systèmes monétaires en place.

L'ère post-coloniale a vu une tentative de redressement économique, mais de nombreux pays africains continuent de dépendre des devises étrangères, notamment le dollar américain et l'euro. Cette dépendance a des conséquences directes sur les échanges commerciaux intra-africains, limitant la capacité des nations à établir des partenariats régionaux solides. L'absence de monnaies numériques fiables et soutenues par des politiques économiques robustes a également entravé l'essor de solutions financières autonomes. Dans ce contexte, l'innovation technologique apparaît comme un levier crucial pour transformer le paysage économique africain et promouvoir une indépendance financière durable.

Les initiatives locales de développement économique se heurtent souvent à des obstacles liés à l'absence de financement et à l'éducation financière. Les jeunes, en particulier, manquent des outils nécessaires pour comprendre et utiliser les ressources locales de manière efficace. Il est donc impératif de mettre en place des programmes d'éducation financière adaptés qui forment les générations futures à la gestion des ressources économiques et à l'utilisation des monnaies locales. En renforçant les compétences financières, l'Afrique peut espérer diminuer sa dépendance aux importations et promouvoir une autosuffisance accrue.

L'agriculture durable représente un autre domaine où l'Afrique peut réaliser des gains significatifs en matière d'indépendance économique. En mettant l'accent sur les pratiques agricoles locales et en valorisant les produits locaux, les pays africains peuvent réduire leur dépendance aux importations alimentaires. Cela favorise non seulement la sécurité alimentaire, mais stimule également le développement économique local. En parallèle, le tourisme local offre une opportunité précieuse pour promouvoir les destinations africaines et stimuler l'économie. En investissant dans le tourisme durable, les pays peuvent attirer des visiteurs tout en préservant leur patrimoine culturel et naturel.

Enfin, le rôle des coopératives, des énergies renouvelables et de l'artisanat ne doit pas être sous-estimé dans ce processus de libération monétaire. Les coopératives peuvent favoriser la solidarité et le développement économique local en rassemblant les ressources des membres pour des projets communs. Les énergies renouvelables, quant à elles, représentent un levier pour l'indépendance économique, offrant des solutions énergétiques durables qui réduisent la dépendance aux combustibles fossiles importés. En valorisant le savoir-faire africain sur le marché global, les artisans peuvent également contribuer à la création d'emplois et à la stimulation de l'économie locale. Ainsi, en cultivant ces initiatives, l'Afrique peut progresser vers une autonomie monétaire et économique durable.

Importance de l'indépendance financière

L'indépendance financière est un pilier essentiel pour l'autonomie économique d'un continent comme l'Afrique, qui doit faire face à des défis structurels et à une dépendance excessive vis-à-vis des devises étrangères. Dans un contexte mondial marqué par des fluctuations économiques, il devient crucial pour les pays africains de développer des stratégies qui favorisent l'utilisation de leurs propres ressources et monnaies. Cette indépendance permet non seulement de renforcer la résilience économique, mais également de stimuler la croissance et le développement local.

Un des aspects fondamentaux de l'indépendance financière réside dans l'éducation financière. Former les jeunes à l'utilisation des ressources locales et à la gestion de leurs finances est une étape indispensable pour encourager l'entrepreneuriat et l'innovation. En intégrant des programmes d'éducation financière dans les systèmes scolaires et en favorisant des initiatives de sensibilisation, il est possible de créer une génération capable de prendre des décisions éclairées concernant l'utilisation de leurs ressources, de leurs économies et de leurs investissements.

Le développement d'une agriculture durable constitue également un levier crucial pour réduire la dépendance aux importations. En investissant dans des pratiques agricoles locales et en valorisant les produits issus de l'agriculture locale, les pays africains peuvent non seulement assurer leur sécurité alimentaire, mais aussi dynamiser leur économie. Cette approche contribue à la création d'emplois et à la stimulation des marchés locaux, tout en préservant l'environnement et en promouvant des pratiques durables.

Le tourisme local représente une autre avenue prometteuse pour renforcer l'indépendance financière en Afrique. Promouvoir les destinations africaines permet non seulement de diversifier les sources de revenus, mais aussi de valoriser le patrimoine culturel et naturel du continent. En développant des programmes touristiques qui mettent en avant les atouts locaux, les pays africains peuvent générer des flux de devises qui soutiennent l'économie tout en créant des opportunités pour les communautés locales.

Enfin, les initiatives de coopération régionale et les échanges commerciaux intra-africains sont essentiels pour bâtir une économie autonome. En renforçant les partenariats régionaux, les pays africains peuvent partager leurs ressources, leurs compétences et leurs innovations. Les coopératives jouent un rôle crucial dans ce cadre, en favorisant la solidarité et en soutenant le développement économique local. En investissant dans les énergies renouvelables et en valorisant l'artisanat, l'Afrique peut non seulement s'affranchir des dépendances extérieures, mais aussi s'imposer comme un acteur incontournable sur le marché global.

Objectifs du livre

Objectifs du livre
L'objectif principal de "Libération Monétaire : Vers une Afrique Autonome" est d'explorer les moyens par lesquels les pays africains peuvent réduire leur dépendance vis-à-vis des devises étrangères. En mettant en avant l'importance de développer des monnaies numériques adaptées aux réalités locales, ce livre cherche à encourager une culture d'autosuffisance financière. L'idée est de libérer les économies africaines des contraintes imposées par les fluctuations des monnaies internationales et de favoriser une dynamique économique plus résiliente.

Dans un contexte où les initiatives locales de développement économique sont cruciales, cet ouvrage se penche sur les stratégies qui peuvent être mises en œuvre pour renforcer l'autosuffisance. En examinant des modèles de réussite à travers le continent, il est possible de dégager des pistes concrètes pour encourager les communautés à privilégier les ressources disponibles localement. L'importance de l'éducation financière est également soulignée, car former les jeunes à utiliser judicieusement ces ressources est essentiel pour bâtir un avenir prospère.

L'agriculture durable est un autre pilier central du livre. En réduisant la dépendance aux importations alimentaires, les pays africains peuvent non seulement améliorer leur sécurité alimentaire, mais aussi dynamiser leur économie locale. Le livre met en avant des pratiques agricoles innovantes et respectueuses de l'environnement, renforçant ainsi l'idée que le développement économique doit s'accompagner d'une prise de conscience écologique. Cette approche holistique permet d'envisager un avenir où l'Afrique est capable de nourrir sa population tout en préservant ses ressources naturelles.

Le tourisme local est également abordé comme un levier potentiel pour stimuler l'économie. En promouvant les destinations africaines et en valorisant le patrimoine culturel, les pays peuvent attirer des visiteurs et générer des revenus substantiels. Le livre examine comment le développement d'une offre touristique authentique et durable peut contribuer à renforcer les économies locales, tout en créant des opportunités d'emploi et en soutenant les artisans et producteurs locaux.

Enfin, le livre explore le rôle essentiel des coopératives et des innovations technologiques dans la construction d'une Afrique autonome. En favorisant la solidarité et le développement économique local, les coopératives peuvent devenir des modèles de résilience. Par ailleurs, les startups africaines, en proposant des solutions financières autonomes, jouent un rôle clé dans la transformation des économies locales. En mettant l'accent sur les énergies renouvelables et la valorisation des savoir-faire africains, l'ouvrage aspire à inspirer une nouvelle génération d'entrepreneurs engagés dans la construction d'une Afrique prospère et indépendante.

Chapitre 2: Briser la Dépendance à la Monnaie Étrangère

Analyse de la dépendance monétaire actuelle

La dépendance monétaire actuelle des pays africains vis-à-vis des devises étrangères constitue un obstacle majeur à l'autonomie économique du continent. Cette situation est souvent le résultat d'une histoire coloniale complexe, où les anciennes puissances coloniales ont établi des structures économiques favorisant l'exportation de ressources naturelles, tout en rendant les économies locales vulnérables aux fluctuations du marché international. Les monnaies locales, dans ce contexte, ont été dévaluées, et les populations se sont retrouvées dans une situation où elles doivent recourir aux devises étrangères pour mener des transactions courantes, alimentant ainsi un cycle d'endettement et de dépendance.

L'émergence des monnaies numériques en Afrique offre une opportunité unique pour rompre ce cycle. En facilitant les échanges et les transactions locales, ces nouvelles technologies financières permettent de réduire la dépendance aux devises étrangères. Des initiatives comme le développement de systèmes de paiement mobile et de monnaies numériques créent un écosystème où les Africains peuvent utiliser leurs ressources monétaires de manière autonome. Ce changement de paradigme est essentiel pour renforcer la confiance dans les monnaies locales et encourager leur adoption au sein des communautés.

Parallèlement, les initiatives locales de développement économique jouent un rôle crucial dans la lutte contre cette dépendance. En soutenant l'autosuffisance alimentaire et en favorisant l'agriculture durable, les pays africains peuvent réduire leur besoin d'importations, ce qui diminue leur vulnérabilité aux fluctuations des devises étrangères. Des programmes de formation en éducation financière peuvent également aider les jeunes à mieux gérer leurs ressources et à valoriser les produits locaux, renforçant ainsi l'économie locale et la confiance dans la monnaie nationale.

Le tourisme local représente une autre avenue prometteuse pour stimuler l'économie tout en réduisant la dépendance monétaire. En mettant en avant les destinations africaines, les pays peuvent attirer des visiteurs internationaux, générant des revenus en devises tout en encourageant les dépenses en monnaie locale. Cela favorise non seulement l'économie locale mais aussi la valorisation des savoir-faire artisanaux et des produits locaux, contribuant ainsi à un développement économique durable.

Enfin, le renforcement des échanges commerciaux intra-africains est essentiel pour construire des partenariats régionaux solides. En favorisant le commerce entre les pays africains, il devient possible de diversifier les économies locales et de réduire les besoins en devises étrangères. L'innovation technologique, notamment via les startups africaines, offre des solutions financières qui peuvent renforcer cette autonomie. En intégrant les coopératives dans cette dynamique, on favorise la solidarité et le développement économique local, tout en soutenant des initiatives en matière d'énergies renouvelables qui deviennent un levier stratégique pour l'indépendance économique du continent.

Conséquences économiques et sociales

Conséquences économiques et sociales**
La libération monétaire en Afrique, en visant à réduire la dépendance aux devises étrangères, ouvre la voie à des conséquences économiques et sociales significatives. Sur le plan économique, une telle transition permettrait de renforcer les monnaies locales, favorisant ainsi la stabilité financière. En reliant les économies africaines grâce à des échanges commerciaux intra-africains, les pays peuvent bénéficier d'une meilleure résilience face aux crises économiques globales. L'essor des monnaies numériques, en particulier, pourrait faciliter les transactions et encourager l'innovation, tout en réduisant les coûts associés aux transferts de fonds internationaux.

Sur le plan social, cette autonomie financière pourrait transformer la dynamique des communautés locales. En investissant dans des initiatives de développement économique, les pays africains peuvent encourager l'autosuffisance. Par exemple, des projets axés sur l'agriculture durable peuvent réduire la dépendance aux importations alimentaires, tout en créant des emplois locaux et en renforçant la sécurité alimentaire. Cela peut également inciter les jeunes à s'engager dans des carrières liées à l'agriculture ou à d'autres secteurs économiques, favorisant ainsi un développement harmonieux et inclusif.

L'éducation financière joue un rôle crucial dans ce processus. Former les jeunes à l'utilisation des ressources locales et des outils financiers disponibles leur permet de mieux comprendre l'importance de l'autonomie économique. Cette éducation peut également stimuler l'esprit entrepreneurial, incitant ainsi les jeunes à développer des startups qui répondent aux besoins locaux. En se concentrant sur des solutions financières autonomes, les initiatives locales peuvent catalyser une croissance durable et inclusive, permettant aux communautés de prospérer sans dépendre des fluctuations économiques extérieures.

Le secteur du tourisme local constitue un autre levier puissant pour le développement économique. Promouvoir les destinations africaines peut non seulement générer des revenus, mais aussi renforcer l'identité culturelle et l'orgueil national. En encourageant les Africains à explorer leur propre continent, on favorise une dynamique de consommation locale, ce qui soutient les artisans et les producteurs locaux. Ainsi, le tourisme devient une voie pour valoriser le savoir-faire africain tout en stimulant l'économie locale.

Enfin, les énergies renouvelables représentent un axe stratégique pour l'indépendance économique. En investissant dans des technologies durables, les pays africains peuvent non seulement réduire leur dépendance aux importations d'énergie, mais aussi créer des opportunités d'emploi dans des secteurs émergents. Les coopératives peuvent jouer un rôle clé en réunissant les ressources et en facilitant l'accès aux technologies renouvelables. En unissant les efforts communautaires, il est possible de bâtir une économie résiliente et durable, favorisant ainsi le développement social et économique de l'Afrique.

Stratégies pour réduire cette dépendance

✳✳Stratégies pour réduire cette dépendance**

La dépendance aux devises étrangères représente un défi majeur pour les économies africaines. Pour amorcer un changement significatif, il est crucial de développer des stratégies qui favorisent l'autonomie économique. Une approche essentielle consiste à promouvoir l'utilisation de monnaies numériques. Ces technologies financières peuvent faciliter les transactions locales et réduire les coûts associés aux conversions de devises, tout en renforçant la transparence et la sécurité des échanges. En intégrant ces outils dans le quotidien des citoyens, l'Afrique peut non seulement réduire sa dépendance aux monnaies étrangères, mais aussi stimuler l'innovation et l'inclusion financière.

Parallèlement, il est nécessaire de soutenir les initiatives locales de développement économique. Cela implique de créer des écosystèmes propices à la croissance des entreprises locales. Les gouvernements et les organisations non gouvernementales doivent investir dans des programmes qui encouragent l'autosuffisance, en fournissant des ressources et des formations aux entrepreneurs. En développant des produits et services adaptés aux besoins du marché local, les entreprises africaines peuvent réduire leur dépendance aux importations et renforcer leur position sur le marché.

L'éducation financière est également un pilier fondamental pour réduire cette dépendance. Former les jeunes à l'utilisation des ressources locales et à la gestion financière est essentiel pour bâtir une société plus résiliente. En intégrant des modules sur les monnaies locales et les pratiques durables dans les programmes scolaires, nous pouvons inculquer une culture d'autonomie économique dès le plus jeune âge. Cette éducation doit également inclure des aspects liés à l'agriculture durable, afin de sensibiliser les nouvelles générations aux enjeux de la souveraineté alimentaire et de la réduction des importations.

Le secteur du tourisme local joue un rôle crucial dans la dynamique économique. En promouvant les destinations africaines, non seulement nous valorisons notre patrimoine culturel et naturel, mais nous stimulons également l'économie locale. Des initiatives visant à renforcer les partenariats régionaux et à encourager les échanges commerciaux intra-africains peuvent contribuer à créer des chaînes de valeur solides. Cela réduira la dépendance aux marchés étrangers tout en favorisant un sentiment de solidarité et de coopération entre les pays du continent.

Enfin, l'innovation technologique est un levier stratégique pour atteindre l'indépendance économique. Les startups africaines, en proposant des solutions financières autonomes, peuvent transformer le paysage économique. De même, les coopératives jouent un rôle essentiel en unissant les efforts des producteurs locaux, permettant une meilleure distribution des ressources et un partage équitable des bénéfices. En investissant dans les énergies renouvelables, l'Afrique peut non seulement réduire sa dépendance énergétique, mais aussi se positionner comme un leader dans un secteur en pleine expansion. Ces stratégies combinées favoriseront une Afrique plus autonome et résiliente face aux défis économiques globaux.

Chapitre 3: Monnaies Numériques en Afrique
Émergence des monnaies numériques

Émergence des monnaies numériques

L'émergence des monnaies numériques en Afrique représente une révolution significative dans le paysage financier du continent, offrant une alternative viable aux devises étrangères qui ont longtemps dominé les transactions économiques. Alors que l'Afrique cherche à briser les chaînes de la dépendance monétaire, l'adoption des monnaies numériques pourrait jouer un rôle crucial dans la promotion d'une autonomie financière. Ces monnaies, qu'elles soient émises par des États ou développées par des startups, répondent à un besoin urgent d'inclusion financière et de facilitation des échanges commerciaux intra-africains.

Les initiatives locales de développement économique trouvent un écho favorable dans l'utilisation des monnaies numériques. Ces dernières permettent de réduire les coûts de transaction et d'accélérer les échanges commerciaux, favorisant ainsi l'autosuffisance des économies locales. En intégrant les monnaies numériques dans les circuits de distribution, les entreprises africaines peuvent mieux gérer leurs ressources, optimiser leurs opérations et renforcer leur position sur le marché global. Cette transformation numérique est essentielle pour les entrepreneurs, en particulier dans les secteurs de l'agriculture durable et du tourisme local.

L'éducation financière est également un aspect fondamental de cette émergence. Former les jeunes à l'utilisation des ressources locales, y compris les monnaies numériques, peut les doter des compétences nécessaires pour naviguer efficacement dans cette nouvelle ère économique. La sensibilisation à l'importance de la gestion des ressources et à l'utilisation des outils numériques peut contribuer à forger une génération d'Africains autonomes et résilients, capables de tirer profit des opportunités offertes par l'innovation technologique.

Les coopératives jouent un rôle crucial dans ce processus d'émancipation économique. En adoptant les monnaies numériques, elles peuvent renforcer la solidarité entre leurs membres et développer des solutions financières autonomes qui répondent aux besoins spécifiques de leurs communautés. Cela ouvre la voie à une approche collective face aux défis économiques, et permet de valoriser l'artisanat et les produits locaux, tout en stimulant l'économie régionale. L'intégration des monnaies numériques dans les activités coopératives pourrait ainsi devenir un levier puissant pour le développement économique local.

Enfin, l'émergence des monnaies numériques s'inscrit dans un contexte plus large d'innovation technologique en Afrique. Les startups africaines, en se concentrant sur des solutions financières autonomes, créent des instruments qui non seulement améliorent l'accès aux services financiers, mais favorisent également la durabilité économique. En intégrant des systèmes de paiement numériques dans les secteurs clés comme l'agriculture, le tourisme et l'énergie renouvelable, l'Afrique peut non seulement réduire sa dépendance aux importations, mais aussi promouvoir ses destinations et savoir-faire locaux sur le marché global. Cette dynamique prometteuse ouvre la voie à une Afrique véritablement autonome, prête à relever les défis de l'avenir.

Avantages et défis des monnaies numériques

Avantages et défis des monnaies numériques

Les monnaies numériques représentent une opportunité révolutionnaire pour l'Afrique, offrant des avantages économiques significatifs qui pourraient redéfinir la dépendance du continent envers les devises étrangères. L'un des principaux atouts des monnaies numériques est leur capacité à faciliter les transactions transfrontalières. En éliminant les intermédiaires, ces systèmes permettent de réduire les coûts de transaction et d'accélérer les échanges commerciaux intra-africains. Cela est particulièrement pertinent dans un contexte où le commerce intra-africain est encore très limité par des barrières telles que les frais bancaires élevés et les délais de traitement des paiements.

Un autre avantage réside dans l'inclusion financière. Les monnaies numériques peuvent atteindre une population non bancarisée, qui représente une part significative de la population africaine. Grâce à des solutions accessibles via des téléphones mobiles, les individus peuvent participer à l'économie de manière autonome. Cette inclusion peut stimuler le développement économique local, en permettant aux petites entreprises d'accéder à des marchés plus larges et en facilitant les transactions quotidiennes. En outre, en promouvant l'utilisation de ressources locales et de produits artisanaux, les monnaies numériques peuvent contribuer à la valorisation des savoir-faire africains sur le marché global.

Cependant, l'adoption des monnaies numériques n'est pas sans défis. La réglementation constitue l'un des obstacles majeurs à surmonter. Les gouvernements africains doivent élaborer des cadres juridiques adaptés pour garantir la sécurité des utilisateurs tout en favorisant l'innovation. Une réglementation inappropriée pourrait freiner le développement des technologies financières, rendant le continent moins compétitif par rapport à d'autres régions du monde. De plus, la méfiance envers les nouvelles technologies peut également dissuader une adoption généralisée, nécessitant des efforts d'éducation financière pour sensibiliser la population aux avantages de ces nouvelles formes de monnaie.

Un autre défi réside dans l'infrastructure technologique. Bien que de nombreux pays africains connaissent une croissance rapide de leur connectivité Internet et de l'utilisation des smartphones, des disparités subsistent. Certaines régions rurales manquent encore d'accès à des réseaux fiables, ce qui limite l'utilisation des monnaies numériques. Pour que ces systèmes soient véritablement inclusifs, il sera essentiel d'investir dans les infrastructures technologiques et d'améliorer l'accès à Internet dans toutes les régions du continent.

En conclusion, les monnaies numériques offrent un potentiel immense pour l'Afrique, tant sur le plan économique que social. Leur capacité à renforcer l'autosuffisance et à promouvoir l'innovation est indéniable. Cependant, pour réaliser pleinement ces avantages, il est crucial de surmonter les défis liés à la réglementation, à l'éducation financière et à l'infrastructure technologique. En adoptant une approche proactive, l'Afrique peut tirer parti des monnaies numériques pour construire un avenir financier plus autonome et durable.

Cas d'utilisation réussis en Afrique

Cas d'utilisation réussis en Afrique

L'Afrique est un continent riche en ressources et en potentiel, mais elle a longtemps souffert de la dépendance à des monnaies étrangères et à des systèmes économiques extérieurs. Cependant, plusieurs initiatives innovantes ont vu le jour à travers le continent, démontrant qu'il est possible de libérer les économies africaines de cette dépendance. Des projets allant des monnaies numériques aux coopératives d'agriculteurs en passant par des startups technologiques, ces cas d'utilisation réussis illustrent des modèles d'autosuffisance et de développement durable.

Un exemple frappant est celui de l'utilisation des monnaies numériques dans des pays comme le Nigeria et le Kenya. Ces nations ont adopté des solutions de paiement numérique qui permettent aux citoyens d'effectuer des transactions sans recourir aux devises étrangères. Les plateformes telles que M-Pesa ont transformé le paysage financier, rendant les services bancaires accessibles même aux populations rurales. Cette initiative a non seulement simplifié les transactions, mais a également favorisé l'inclusion financière, permettant à des millions de personnes de participer à l'économie locale.

Dans le domaine de l'agriculture durable, des coopératives ont émergé dans des régions comme l'Afrique de l'Est, où des agriculteurs se regroupent pour partager des ressources et des connaissances. Ces coopératives favorisent l'autosuffisance en réduisant la dépendance aux importations alimentaires. En investissant dans des pratiques agricoles durables et en utilisant des techniques locales, ces groupes ont réussi à augmenter leur production tout en préservant l'environnement. De plus, ils s'efforcent de commercialiser leurs produits sur le marché local, ce qui renforce encore plus l'économie régionale.

Le secteur du tourisme local a également montré des signes de réussite, avec des initiatives visant à promouvoir les destinations africaines. Des pays comme le Ghana et le Maroc ont développé des campagnes de marketing qui mettent en avant leur patrimoine culturel et naturel. En attirant des touristes locaux et internationaux, ces pays stimulent non seulement leur économie, mais ils créent également des emplois pour les populations locales. Cela permet de renforcer les partenariats régionaux et d'encourager un échange culturel enrichissant.

Enfin, l'innovation technologique est un moteur clé du changement en Afrique, avec des startups qui proposent des solutions financières autonomes. Des entreprises émergent dans des domaines tels que les énergies renouvelables et l'artisanat, cherchant à valoriser le savoir-faire local tout en répondant aux besoins du marché global. Ces initiatives contribuent à la création d'un écosystème entrepreneurial dynamique qui favorise la solidarité et le développement économique local, tout en préparant l'Afrique à relever les défis du futur.

Chapitre 4: Initiatives Locales de Développement Économique
Exemples d'initiatives réussies

Dans le cadre de la quête d'une autonomie financière pour l'Afrique, plusieurs initiatives réussies se démarquent, démontrant le potentiel immense du continent à se libérer de la dépendance aux monnaies étrangères. L'une des initiatives les plus remarquables est celle de M-Pesa au Kenya, un service de paiement mobile qui a révolutionné l'économie locale. En permettant aux utilisateurs de transférer de l'argent et de payer des biens et services par téléphone mobile, M-Pesa a non seulement amélioré l'accès aux services financiers, mais a également stimulé l'entrepreneuriat local. Cette innovation a prouvé que les solutions numériques peuvent réduire la dépendance aux systèmes bancaires traditionnels, offrant ainsi une voie vers l'autosuffisance économique.

Un autre exemple significatif est celui des coopératives agricoles en Afrique de l'Ouest, qui ont réussi à unir les producteurs locaux pour maximiser leur pouvoir de négociation sur le marché. Ces coopératives, en se concentrant sur la production durable et l'utilisation des ressources locales, ont permis d'augmenter la production tout en réduisant les coûts d'importation. Par exemple, la Coopérative des producteurs de cacao en Côte d'Ivoire a non seulement amélioré les revenus des agriculteurs mais a aussi favorisé la préservation de l'environnement en adoptant des pratiques agricoles durables. Ce modèle de coopération démontre l'importance de l'entraide pour atteindre l'indépendance économique.

Dans le secteur du tourisme, des initiatives telles que le projet "Tourisme Durable en Afrique" ont mis en avant les richesses culturelles et naturelles du continent. En promouvant des destinations moins connues, ces projets ont non seulement contribué à la diversification des sources de revenus locales, mais ont également encouragé la conservation des ressources naturelles. Les communautés locales sont ainsi devenues des acteurs essentiels dans le développement touristique, ce qui renforce leur autonomie économique et leur capacité à gérer leurs ressources de manière durable.

L'innovation technologique joue également un rôle crucial dans la libération monétaire de l'Afrique. Des startups comme Flutterwave, qui facilitent les paiements en ligne entre entreprises africaines et internationales, illustrent comment les technologies financières peuvent transformer le paysage économique. En rendant les transactions plus accessibles et moins coûteuses, ces entreprises contribuent à l'intégration économique du continent et à la réduction de sa dépendance vis-à-vis des systèmes monétaires étrangers.

Enfin, l'éducation financière est un pilier essentiel pour assurer le succès de ces initiatives. Des programmes ciblant les jeunes, comme ceux mis en place par des ONG locales, enseignent non seulement la gestion des ressources financières, mais aussi l'importance des produits locaux et des services communautaires. En formant la prochaine génération à valoriser leur patrimoine culturel et leurs ressources naturelles, l'Afrique se dirige vers un avenir où l'autonomie économique est non seulement un objectif, mais une réalité tangible, renforçant ainsi l'idée que la libération monétaire passe par l'engagement et l'innovation à tous les niveaux de la société.

Rôle des communautés dans le développement économique

Le rôle des communautés dans le développement économique est essentiel pour bâtir un avenir durable et autonome en Afrique. Les communautés, en tant qu'entités sociales et économiques, jouent un rôle crucial dans la mise en œuvre d'initiatives qui favorisent l'indépendance financière et réduisent la dépendance aux devises étrangères. En mobilisant les ressources locales, les communautés peuvent promouvoir l'autosuffisance et encourager le développement d'initiatives économiques qui répondent aux besoins spécifiques de leurs membres. Cela inclut des efforts tels que la création de coopératives, qui constituent une forme d'organisation sociale permettant de mutualiser les ressources et de renforcer la solidarité entre les membres.

Les initiatives locales de développement économique, soutenues par les communautés, sont également des vecteurs importants pour améliorer l'éducation financière. Former les jeunes à l'utilisation des ressources locales et à la gestion des finances personnelles favorise une culture d'autonomie économique. Ces programmes d'éducation financière aident non seulement à sensibiliser les jeunes aux opportunités offertes par leur environnement, mais aussi à les préparer à participer activement à l'économie locale. En encourageant les jeunes à s'engager dans des projets d'entrepreneuriat local, les communautés contribuent à la création d'emplois et à la réduction du chômage.

L'agriculture durable est un autre domaine où le rôle des communautés se révèle fondamental. En développant des pratiques agricoles respectueuses de l'environnement et en réduisant la dépendance aux importations, les communautés peuvent renforcer leur sécurité alimentaire tout en stimulant leur économie locale. Les initiatives visant à promouvoir l'agriculture biologique, la permaculture et les systèmes alimentaires locaux permettent non seulement de préserver les ressources naturelles, mais aussi de créer des emplois dans les zones rurales. Cela renforce la résilience économique des communautés face aux chocs externes.

Le tourisme local représente également une opportunité significative pour les communautés africaines. En mettant en avant leurs destinations uniques et en valorisant leur patrimoine culturel, les communautés peuvent attirer des visiteurs et générer des revenus. La promotion de l'artisanat et des produits locaux, en tant qu'atouts touristiques, permet de renforcer l'identité culturelle tout en soutenant les artisans locaux. Ce type de tourisme contribue à dynamiser l'économie locale et à créer des opportunités d'emploi, renforçant ainsi le tissu social et économique des communautés.

Enfin, les échanges commerciaux intra-africains sont essentiels pour renforcer les partenariats régionaux et favoriser le développement économique. Les communautés peuvent jouer un rôle clé en facilitant ces échanges par le biais de marchés locaux et de foires commerciales. En créant des réseaux d'entrepreneurs et en soutenant l'innovation technologique à travers des startups africaines, les communautés peuvent promouvoir des solutions financières autonomes. Ainsi, en s'appuyant sur les forces et les ressources locales, les communautés africaines peuvent non seulement contribuer à leur propre développement économique, mais aussi participer activement à la transformation économique du continent dans son ensemble.

Vers une autosuffisance économique

L'Afrique, riche en ressources naturelles et humaines, se trouve à un tournant décisif dans sa quête d'autosuffisance économique. Alors que la dépendance à l'égard des devises étrangères continue de freiner le développement, il devient impératif de promouvoir des initiatives qui favorisent l'utilisation des ressources locales. L'un des axes principaux de cette stratégie repose sur la diversification des économies africaines, en mettant l'accent sur le développement de secteurs comme l'agriculture durable, le tourisme local et l'artisanat. En favorisant ces initiatives, les pays africains peuvent non seulement réduire leur dépendance aux importations, mais également créer des emplois et renforcer la résilience économique.

L'éducation financière joue un rôle crucial dans ce processus. Former les jeunes à utiliser les ressources locales et à comprendre les mécanismes économiques de leur pays est essentiel pour bâtir un avenir autonome. Par des programmes éducatifs adaptés, il est possible de sensibiliser les générations futures à l'importance de consommer localement et d'investir dans des projets qui favorisent le développement durable. De plus, l'intégration de technologies numériques peut faciliter l'accès à l'information et à des outils financiers, permettant ainsi une gestion plus efficace des ressources.

Les échanges commerciaux intra-africains représentent également une opportunité significative pour renforcer les partenariats régionaux et promouvoir l'autosuffisance. En favorisant le commerce entre les pays africains, on stimule non seulement l'économie locale, mais on encourage également la création de réseaux de coopération qui sont essentiels pour l'émergence d'un marché africain unifié. Les initiatives visant à réduire les barrières commerciales et à faciliter les échanges peuvent transformer le paysage économique du continent, créant une dynamique positive pour les entreprises et les entrepreneurs locaux.

L'innovation technologique est un autre levier fondamental pour atteindre l'autosuffisance économique. Les startups africaines, en proposant des solutions financières autonomes, peuvent jouer un rôle clé dans la transformation des systèmes économiques. En développant des applications et des plateformes adaptées aux besoins locaux, ces entreprises peuvent contribuer à la création de solutions sur mesure qui répondent aux défis spécifiques rencontrés par les populations. Cette approche favorise non seulement l'inclusion financière, mais aussi l'émergence d'une culture d'entrepreneuriat innovante.

Enfin, les énergies renouvelables représentent une voie prometteuse pour renforcer l'indépendance économique de l'Afrique. En investissant dans des infrastructures vertes, les pays africains peuvent réduire leur dépendance aux ressources importées tout en contribuant à la lutte contre le changement climatique. De plus, le développement de projets d'énergie renouvelable peut stimuler la création d'emplois et favoriser l'accès à l'électricité dans les zones rurales. En intégrant ces divers éléments, l'Afrique peut avancer vers une autosuffisance économique durable, assurant ainsi un avenir prospère pour ses citoyens.

Chapitre 5: Éducation Financière pour les Jeunes

Importance de l'éducation financière

L'éducation financière revêt une importance cruciale pour le développement économique de l'Afrique. Dans un continent où la dépendance vis-à-vis des monnaies étrangères et des importations est encore trop fréquente, il est essentiel que les populations acquièrent des compétences en gestion financière. Cela leur permettra non seulement de mieux gérer leurs ressources, mais aussi de prendre des décisions éclairées concernant leurs investissements et leur consommation. Une éducation financière solide peut transformer des individus en acteurs économiques proactifs, capables de contribuer à la croissance de leur communauté et de leur pays.

En formant les jeunes à l'utilisation des ressources locales, l'éducation financière aide à promouvoir l'autosuffisance. Les jeunes, souvent considérés comme l'avenir d'un pays, doivent être équipés des connaissances nécessaires pour identifier et exploiter les opportunités économiques qui les entourent. Cela inclut la compréhension des marchés locaux, l'évaluation des besoins des consommateurs et la mise en place d'initiatives d'entrepreneuriat. En encourageant cette autonomie, l'éducation financière peut également réduire la dépendance aux importations, un enjeu majeur pour de nombreuses économies africaines.

Le secteur agricole, qui joue un rôle vital dans l'économie africaine, bénéficie également d'une éducation financière. En apprenant à gérer leurs finances, les agriculteurs peuvent investir dans des pratiques durables et des technologies innovantes qui améliorent leur productivité tout en minimisant leur impact environnemental. Cela leur permet de se libérer des cycles de dépendance liés à des intrants coûteux importés et de renforcer leur capacité à nourrir leurs communautés tout en générant des revenus durables.

Par ailleurs, l'éducation financière est essentielle pour stimuler le tourisme local. En comprenant l'importance de la promotion des destinations africaines et en apprenant à gérer les revenus générés par le tourisme, les communautés peuvent tirer parti de cette industrie pour soutenir leur développement économique. Cela implique non seulement de former les acteurs du tourisme, mais aussi de sensibiliser la population à la valeur de ses propres richesses culturelles et naturelles.

Enfin, l'éducation financière joue un rôle déterminant dans le renforcement des partenariats régionaux et des échanges commerciaux intra-africains. En développant des compétences financières, les entrepreneurs sont mieux préparés à collaborer, à échanger et à innover au sein de leurs régions respectives. Cela favorise une dynamique de solidarité et de coopération entre les nations africaines, essentielle pour construire un avenir plus autonome et durable. En résumé, l'éducation financière est un levier indispensable pour l'émancipation économique de l'Afrique, permettant aux populations de se libérer des chaînes de dépendance et de construire un avenir meilleur.

Programmes éducatifs en Afrique

Programmes éducatifs en Afrique

L'éducation est un pilier fondamental pour libérer l'Afrique de sa dépendance à la monnaie étrangère. Dans ce cadre, les programmes éducatifs en Afrique jouent un rôle crucial, car ils visent à former une nouvelle génération consciente de l'importance de l'autosuffisance économique. En intégrant des contenus liés à l'utilisation des ressources locales et à la gestion financière, ces programmes permettent aux jeunes d'acquérir les compétences nécessaires pour naviguer dans un paysage économique en constante évolution. L'éducation financière, en particulier, est essentielle pour sensibiliser les jeunes aux opportunités offertes par les monnaies numériques et les solutions financières autonomes.

De nombreux pays africains ont commencé à mettre en place des initiatives éducatives qui se concentrent sur l'agriculture durable et le développement économique local. Ces programmes visent à enseigner aux jeunes agriculteurs non seulement les techniques modernes de culture, mais aussi les principes de commerce équitable et de durabilité. En les formant à utiliser les ressources disponibles dans leur environnement, ces jeunes sont mieux préparés à réduire la dépendance aux importations et à promouvoir des systèmes alimentaires locaux résilients. Ainsi, l'éducation devient un vecteur de changement qui permet de renforcer la sécurité alimentaire et de stimuler la croissance économique.

Le tourisme local est une autre avenue que les programmes éducatifs peuvent explorer pour renforcer l'économie africaine. En offrant des formations sur le patrimoine culturel et les destinations touristiques locales, les jeunes peuvent apprendre à valoriser les atouts de leur région. Cela ne seulement favorise le développement d'un secteur touristique dynamique, mais permet également de créer des emplois et des initiatives entrepreneuriales. En sensibilisant les jeunes à l'importance de promouvoir et de préserver leur culture, l'éducation contribue à renforcer l'identité locale et à stimuler l'économie régionale.

Les échanges commerciaux intra-africains constituent également un domaine d'éducation prometteur. En intégrant des modules sur le commerce interrégional et les partenariats économiques, les programmes éducatifs peuvent préparer les jeunes à tirer parti des opportunités offertes par le marché continental. La connaissance des accords commerciaux, des réglementations et des pratiques commerciales est essentielle pour favoriser les échanges et renforcer les relations économiques entre les pays africains. Cela peut également encourager l'innovation et le développement de startups qui cherchent à exploiter les ressources locales.

Enfin, le rôle des coopératives et des énergies renouvelables doit être intégré dans les programmes éducatifs pour promouvoir la solidarité et le développement économique local. En enseignant aux jeunes le fonctionnement des coopératives, ils peuvent apprendre à travailler ensemble pour atteindre des objectifs communs et à valoriser les savoir-faire africains sur le marché global. De même, la sensibilisation aux énergies renouvelables et à leur potentiel pour réduire la dépendance économique est cruciale. En formant les jeunes à ces concepts, l'éducation devient un levier puissant pour une Afrique autonome et prospère.

Outils et ressources pour l'éducation financière

Outils et ressources pour l'éducation financière

L'éducation financière est un pilier fondamental pour promouvoir l'autonomie économique en Afrique. Pour les jeunes et les communautés, il est crucial d'accéder à des outils et des ressources qui leur permettent de comprendre et de gérer efficacement leurs finances. Cela inclut des programmes d'éducation formelle et informelle, des applications numériques, ainsi que des plateformes de formation en ligne. Ces outils doivent être adaptés au contexte local, en tenant compte des réalités socio-économiques spécifiques à chaque région.

Les programmes d'éducation financière doivent intégrer des modules sur la gestion budgétaire, l'épargne, l'investissement et la compréhension des produits financiers. Par exemple, des initiatives locales peuvent offrir des ateliers pratiques où les participants apprennent à établir un budget, à suivre leurs dépenses et à planifier pour l'avenir. En impliquant des experts locaux et des entrepreneurs, ces programmes peuvent également montrer des exemples concrets de succès, inspirant ainsi les jeunes à adopter des comportements financiers responsables.

Les technologies numériques jouent un rôle de plus en plus important dans l'éducation financière. Des applications mobiles, comme celles de gestion de budget et de suivi des dépenses, peuvent être développées sur le continent pour faciliter l'apprentissage. De plus, des plateformes en ligne peuvent offrir des cours gratuits ou à faible coût sur divers aspects de la finance personnelle, permettant à un public plus large d'accéder à ces connaissances essentielles. L'utilisation de vidéos, de podcasts et de webinaires peut rendre l'apprentissage plus interactif et engageant.

La collaboration avec des coopératives et des organisations communautaires peut renforcer l'efficacité des initiatives d'éducation financière. Ces entités peuvent servir de points de rassemblement pour partager des ressources et des expériences, créant ainsi un environnement d'apprentissage collectif. En intégrant des éléments de solidarité et de partage de connaissances, les communautés peuvent non seulement améliorer leurs compétences financières, mais aussi renforcer leurs liens sociaux et leur résilience économique.

Enfin, il est essentiel d'intégrer l'éducation financière dans le système éducatif formel. Les écoles et les universités doivent proposer des cours sur la finance personnelle et l'économie locale dès le plus jeune âge. En préparant les générations futures à gérer leurs finances de manière autonome, on jette les bases d'une Afrique financièrement indépendante et prospère. L'éducation financière devient ainsi non seulement un outil de libération personnelle, mais aussi un levier pour le développement économique et social à l'échelle continentale.

Chapitre 6: Agriculture Durable et Autosuffisance

Pratiques agricoles durables

Pratiques agricoles durables

L'agriculture durable représente une approche essentielle pour garantir la sécurité alimentaire tout en préservant les ressources naturelles. En Afrique, où une grande partie de la population dépend de l'agriculture pour sa subsistance, l'adoption de pratiques agricoles durables est cruciale pour réduire la dépendance aux importations alimentaires. Cela implique l'utilisation de méthodes qui respectent l'environnement, favorisent la biodiversité et améliorent la résilience des écosystèmes. Ces pratiques peuvent inclure la rotation des cultures, l'agriculture de conservation, et l'utilisation de techniques agroécologiques qui maximisent la productivité tout en minimisant l'impact sur la terre.

Un aspect clé des pratiques agricoles durables est la gestion efficace des ressources en eau. Dans de nombreuses régions d'Afrique, l'accès à l'eau est limité, ce qui rend la gestion de cette ressource vitale pour l'agriculture. Des techniques telles que la collecte des eaux de pluie, l'irrigation goutte-à-goutte et la construction de terrasses pour retenir l'eau peuvent aider à optimiser l'utilisation de l'eau. En intégrant ces méthodes dans leur pratique quotidienne, les agriculteurs peuvent non seulement améliorer leur rendement, mais aussi contribuer à la durabilité de leurs écosystèmes locaux.

En outre, la diversification des cultures joue un rôle fondamental dans la durabilité agricole. En cultivant une variété de plantes, les agriculteurs peuvent réduire leur vulnérabilité face aux aléas climatiques et aux fluctuations des marchés. Cette diversification permet également d'améliorer la qualité des sols et de réduire les besoins en intrants chimiques. Par conséquent, encourager les agriculteurs à adopter des systèmes de culture diversifiés est essentiel pour promouvoir une agriculture résiliente et pérenne.

L'éducation et la sensibilisation des agriculteurs aux pratiques durables sont également primordiales. Des programmes de formation peuvent aider à transmettre des connaissances sur les techniques de culture durables, l'utilisation des semences locales et la gestion intégrée des ressources. En renforçant les compétences des agriculteurs, ces initiatives contribuent à l'autonomisation des communautés rurales et à la création d'une économie locale plus dynamique. Cela s'inscrit dans une vision plus large d'autosuffisance alimentaire qui peut réduire la dépendance aux importations.

Enfin, le soutien des gouvernements et des organisations non gouvernementales est crucial pour favoriser l'adoption de pratiques agricoles durables. Cela peut se traduire par des politiques agricoles favorables, des subventions pour les technologies vertes, et la création de partenariats entre agriculteurs et entreprises locales. En investissant dans l'agriculture durable, l'Afrique peut non seulement améliorer sa sécurité alimentaire, mais aussi renforcer sa position sur les marchés mondiaux, contribuant ainsi à une indépendance financière durable sur le continent.

Réduction de la dépendance aux importations alimentaires

La réduction de la dépendance aux importations alimentaires est un enjeu crucial pour l'Afrique, un continent riche en ressources naturelles et en potentiel agricole. En effet, l'importation massive de denrées alimentaires non seulement pèse sur les économies locales, mais expose également les pays africains à des fluctuations de prix et à des crises alimentaires. Pour lutter contre cette dépendance, il est essentiel de promouvoir l'autosuffisance alimentaire à travers des initiatives locales et des politiques adaptées, qui favorisent la production et la consommation de produits locaux.

L'un des axes principaux pour y parvenir est l'investissement dans l'agriculture durable. Cela implique non seulement d'améliorer les méthodes de culture, mais également de favoriser l'utilisation de semences locales et de techniques d'agriculture respectueuses de l'environnement. En développant des systèmes agricoles résilients, les pays africains peuvent non seulement garantir leur sécurité alimentaire, mais aussi créer des emplois et stimuler le développement économique local. Les coopératives agricoles jouent un rôle vital dans cette transformation, en unissant les producteurs et en facilitant l'accès aux ressources et aux marchés.

Parallèlement, l'éducation financière est essentielle pour sensibiliser les jeunes aux enjeux de l'autosuffisance alimentaire. En formant les nouvelles générations à l'utilisation des ressources locales, on leur permet non seulement de comprendre l'importance de consommer des produits nationaux, mais aussi de développer des compétences entrepreneuriales. Cela peut mener à l'émergence de startups innovantes qui contribuent à la création de valeur sur le marché local, tout en réduisant la dépendance aux importations. Les initiatives éducatives doivent également inclure des formations sur les pratiques agricoles durables et les techniques de gestion financière.

Le développement des échanges commerciaux intra-africains représente également une opportunité significative pour limiter la dépendance aux importations. En renforçant les partenariats régionaux et en facilitant le commerce entre les nations africaines, il est possible de promouvoir les produits locaux et d'encourager les consommateurs à privilégier les denrées produites sur le continent. Cela passe par la mise en place d'accords commerciaux favorables et de politiques d'incitation, qui soutiennent les producteurs locaux et réduisent les barrières à l'entrée pour leurs produits sur le marché.

Enfin, l'innovation technologique peut être un levier puissant pour favoriser l'autonomie alimentaire en Afrique. Les startups africaines développant des solutions financières autonomes et des technologies agricoles peuvent transformer le paysage économique du continent. Que ce soit à travers des applications facilitant l'accès aux marchés pour les agriculteurs ou des plateformes de financement participatif pour les projets agricoles, la technologie offre des outils permettant de renforcer la résilience des systèmes alimentaires africains. En combinant ces divers éléments, l'Afrique peut ainsi avancer vers une réelle réduction de sa dépendance aux importations alimentaires et vers une autonomie durable.

Innovations en agriculture

Les innovations en agriculture représentent un levier essentiel pour renforcer l'autonomie économique de l'Afrique. Face aux défis de la dépendance aux importations alimentaires et aux fluctuations des marchés internationaux, il est crucial d'adopter des solutions novatrices qui favorisent une agriculture durable et autosuffisante. Des technologies émergentes, telles que l'agriculture de précision, l'utilisation de drones et les applications mobiles, permettent aux agriculteurs de maximiser leur rendement tout en réduisant leur impact environnemental. Ces avancées technologiques offrent également la possibilité de renforcer la résilience des systèmes agricoles face aux aléas climatiques.

Un autre aspect important des innovations en agriculture est la promotion des pratiques agroécologiques. En intégrant des méthodes de culture respectueuses de l'environnement, telles que l'agroforesterie et la rotation des cultures, les agriculteurs peuvent améliorer la fertilité des sols et réduire leur dépendance aux intrants chimiques. Cette approche non seulement préserve les ressources naturelles, mais contribue également à la santé des consommateurs. L'éducation des producteurs sur ces techniques est essentielle pour assurer leur adoption à grande échelle, et cela peut être facilité par des initiatives locales de formation et de sensibilisation.

Les coopératives agricoles jouent un rôle crucial dans l'innovation en agriculture. En favorisant la solidarité et le partage des ressources, ces structures permettent aux agriculteurs de bénéficier d'économies d'échelle et d'accéder à des technologies avancées. Les coopératives peuvent également offrir des services de financement adaptés, soutenant ainsi la transition vers des pratiques agricoles plus durables. En renforçant la coopération entre les producteurs, on peut également stimuler l'échange de connaissances et d'expériences, ce qui est essentiel pour l'évolution des techniques agricoles.

L'intégration des monnaies numériques dans le secteur agricole représente une autre innovation prometteuse. En facilitant les transactions locales et en réduisant les coûts liés aux échanges monétaires, ces solutions financières autonomes peuvent transformer la façon dont les agriculteurs accèdent aux marchés. La capacité de réaliser des paiements instantanés et sécurisés améliore la fluidité des échanges commerciaux, tout en encourageant l'usage des ressources locales. Cela renforce non seulement l'économie locale, mais contribue également à l'émergence d'un écosystème économique plus indépendant.

Enfin, les initiatives de recherche et développement sont essentielles pour soutenir l'innovation en agriculture en Afrique. Les partenariats entre les universités, les instituts de recherche et le secteur privé peuvent conduire à la création de nouvelles variétés de cultures résilientes et à l'élaboration de solutions adaptées aux besoins spécifiques des agriculteurs africains. En investissant dans la recherche locale, l'Afrique peut non seulement réduire sa dépendance aux importations, mais également positionner ses produits sur le marché mondial, valorisant ainsi le savoir-faire africain. Cette démarche holistique est indispensable pour atteindre une véritable autonomie économique et promouvoir la durabilité à long terme.

Chapitre 7 : Promotion du Tourisme Local
Avantages du tourisme local pour l'économie

Le tourisme local représente une opportunité significative pour l'économie africaine, favorisant la croissance, la création d'emplois et l'auto-suffisance. En encourageant les populations locales à explorer et à valoriser leurs propres ressources et destinations, on stimule non seulement l'économie, mais on renforce également le lien entre les communautés et leur patrimoine culturel. Le développement de cette industrie peut ainsi contribuer à une meilleure répartition des richesses, en permettant aux populations locales de bénéficier directement des retombées économiques.

Un des principaux avantages du tourisme local est la création d'emplois. En investissant dans les infrastructures touristiques, telles que les hôtels, les restaurants et les activités culturelles, les communautés locales sont en mesure de générer des emplois dans des secteurs variés. De la gestion des établissements d'accueil à l'organisation d'excursions, le tourisme local offre des possibilités d'emploi pour les jeunes et les femmes, souvent sous-représentés dans le marché du travail. Cela favorise une diversité économique et une réduction du chômage dans les régions concernées.

En outre, le tourisme local encourage la valorisation des ressources culturelles et naturelles africaines. En mettant en avant les traditions locales, l'artisanat et les sites naturels, les communautés peuvent non seulement attirer les visiteurs, mais aussi renforcer leur identité culturelle. Les initiatives qui promeuvent le tourisme communautaire permettent aux visiteurs de s'engager de manière authentique avec les populations locales, créant ainsi des échanges enrichissants et durables. Cela contribue à préserver le patrimoine et à sensibiliser les visiteurs à l'importance de la culture et de l'environnement africains.

L'un des aspects les plus intéressants du tourisme local est son potentiel pour stimuler les échanges commerciaux intra-africains. En incitant les citoyens africains à voyager à travers le continent, on favorise la découverte de nouvelles cultures, cuisines et artisanats. Cela crée un réseau économique plus interconnecté où les produits locaux peuvent circuler plus librement. De plus, cette dynamique peut encourager les investissements dans des projets touristiques à travers les pays africains, renforçant ainsi la coopération régionale et le développement économique.

Enfin, le tourisme local représente une voie vers l'autonomie financière. En réduisant la dépendance aux devises étrangères, les pays africains peuvent capitaliser sur leurs ressources internes et développer une économie plus résiliente. Cette approche favorise également l'éducation financière des jeunes, qui peuvent être formés à utiliser et à valoriser les ressources locales. En soutenant le tourisme local, on bâtit non seulement une économie solide, mais on prépare également les générations futures à prendre en main leur développement économique, contribuant ainsi à une Afrique autonome et prospère.

Stratégies de promotion des destinations africaines

Stratégies de promotion des destinations africaines
La promotion des destinations africaines est essentielle pour stimuler le tourisme, un secteur crucial pour le développement économique du continent. Dans un contexte où l'Afrique cherche à réduire sa dépendance vis-à-vis des monnaies étrangères, il est impératif d'explorer des stratégies innovantes qui mettent en valeur les richesses culturelles et naturelles de chaque pays. L'un des axes principaux réside dans l'amélioration de l'infrastructure touristique, qui doit être adaptée aux besoins des visiteurs tout en respectant l'environnement et les communautés locales. Cela inclut la création d'hébergements durables, le développement de transports accessibles et la mise en place de services de qualité.

Un autre aspect fondamental est la collaboration entre les acteurs locaux du tourisme, les gouvernements et les organisations internationales. Les partenariats public-privé peuvent jouer un rôle clé dans la mise en œuvre de programmes de promotion efficaces. En unissant leurs forces, ces entités peuvent développer des campagnes de marketing ciblées, exploitant les médias sociaux et d'autres plateformes numériques pour toucher un public mondial. De plus, la participation des communautés locales dans le processus de décision garantit que les initiatives de tourisme bénéficient directement à ceux qui vivent dans ces destinations.

L'éducation financière et la sensibilisation des jeunes sont également des éléments cruciaux pour la promotion des destinations africaines. En formant les jeunes à l'utilisation des ressources locales et à la gestion des entreprises touristiques, on crée une main-d'œuvre qualifiée capable de répondre aux attentes des visiteurs. De plus, les jeunes peuvent devenir des ambassadeurs de leurs propres cultures en utilisant des plateformes numériques pour partager leurs expériences et attirer l'attention sur les atouts de leur région. Cette approche favorise une autonomie financière et encourage les initiatives locales de développement économique.

La durabilité est au cœur des stratégies de promotion des destinations africaines. En intégrant des pratiques d'agriculture durable et en valorisant l'artisanat local, les destinations peuvent offrir une expérience authentique aux touristes tout en préservant leur environnement. Le développement de circuits touristiques qui mettent en avant les produits locaux et les savoir-faire traditionnels contribue à réduire la dépendance aux importations et à renforcer l'économie locale. Cela crée un cercle vertueux où le tourisme soutient directement les initiatives de durabilité et d'autosuffisance.

Enfin, il est essentiel d'encourager les échanges commerciaux intra-africains pour renforcer les partenariats régionaux. En facilitant les déplacements et en simplifiant les procédures d'entrée pour les ressortissants d'autres pays africains, on peut dynamiser le tourisme régional. Les événements culturels, les festivals et les foires artisanales peuvent servir de points de rencontre pour les différents pays africains, favorisant ainsi une meilleure compréhension mutuelle et une promotion croisée des destinations. En unissant les efforts, l'Afrique peut véritablement se libérer de la dépendance aux devises étrangères et construire un avenir touristique prospère et autonome.

Études de cas de succès dans le tourisme local

Dans le contexte d'une Afrique en quête d'autonomie financière, le tourisme local émerge comme un secteur clé pour stimuler l'économie et promouvoir les ressources endogènes. Les études de cas de succès dans le tourisme local illustrent comment des initiatives bien pensées peuvent transformer des destinations, renforcer l'identité culturelle et générer des revenus significatifs tout en réduisant la dépendance aux devises étrangères. Ces exemples démontrent également l'importance de l'innovation et de la collaboration communautaire dans le développement de l'industrie touristique.

Un exemple marquant est celui de la région de Zanzibar en Tanzanie, qui a su capitaliser sur ses richesses naturelles et culturelles. Grâce à des efforts concertés pour promouvoir le tourisme durable, les acteurs locaux ont mis en place des infrastructures écologiques et des offres touristiques centrées sur la culture swahilie. Ces initiatives ont non seulement attiré des visiteurs internationaux, mais ont également stimulé l'économie locale par la création d'emplois et le soutien aux artisans et aux agriculteurs. La stratégie de Zanzibar s'est avérée efficace pour réduire la dépendance à l'égard des importations, en favorisant la consommation de produits locaux.

Un autre cas réussi est celui du Sénégal, avec le développement de l'écotourisme dans la région du Parc National de Niokolo-Koba. En intégrant des pratiques de conservation et en impliquant les communautés locales dans la gestion des ressources naturelles, cette initiative a permis de préserver la biodiversité tout en offrant des expériences authentiques aux visiteurs. Les revenus générés par le tourisme ont été réinvestis dans des projets communautaires, renforçant ainsi l'autosuffisance économique et la cohésion sociale dans la région.

De plus, l'initiative "Rendez-vous en Afrique" a démontré comment la promotion des destinations africaines peut stimuler l'économie intra-africaine.

En favorisant les échanges touristiques entre pays africains, cette campagne a permis de valoriser les richesses culturelles et naturelles de chaque nation. Les voyages intra-africains contribuent à renforcer les partenariats régionaux, à diversifier les offres touristiques et à réduire la dépendance aux flux touristiques en provenance de l'étranger. Cette approche favorise l'innovation dans le secteur et incite les startups locales à développer des solutions adaptées aux besoins des voyageurs africains.

Enfin, il est essentiel de souligner le rôle des coopératives dans le développement du tourisme local. En rassemblant les compétences et les ressources des membres de la communauté, ces structures favorisent la solidarité et le partage des bénéfices. Des exemples de coopératives de guides touristiques en Afrique de l'Est illustrent comment cette approche peut améliorer l'expérience des visiteurs tout en garantissant que les retombées économiques profitent directement aux habitants. En encourageant l'implication des communautés et en valorisant le savoir-faire local, le tourisme devient un levier puissant pour l'indépendance économique et la prospérité en Afrique.

Chapitre 8: Échanges Commerciaux Intra-Africains

Importance des partenariats régionaux

L'importance des partenariats régionaux dans le contexte de la libération monétaire en Afrique est indéniable. Ces alliances stratégiques jouent un rôle essentiel dans la promotion de l'autonomie économique des pays africains, en leur permettant de réduire leur dépendance aux devises étrangères. En établissant des relations solides entre les nations africaines, il devient possible d'harmoniser les politiques économiques, de faciliter les échanges commerciaux et de soutenir des initiatives de développement local. Les partenariats régionaux favorisent ainsi un environnement propice à la croissance économique, à l'innovation et à l'autosuffisance.

Les échanges commerciaux intra-africains représentent un levier majeur pour stimuler les économies locales. En renforçant les partenariats entre pays voisins, les nations africaines peuvent développer des chaînes d'approvisionnement régionales, ce qui permet de réduire les coûts liés aux importations de biens et services. Cette dynamique favorise également la création d'emplois locaux et stimule l'entrepreneuriat. En outre, la diversification des échanges commerciaux permet aux pays de mieux résister aux fluctuations des marchés mondiaux, renforçant ainsi leur résilience économique.

L'innovation technologique est un autre pilier des partenariats régionaux. Les startups africaines, qui émergent dans divers secteurs, peuvent bénéficier d'un soutien mutuel et de l'échange de connaissances. La création de réseaux régionaux d'innovation facilite l'accès à des ressources financières et techniques, permettant ainsi aux entrepreneurs de développer des solutions adaptées aux besoins locaux. En unissant leurs forces, les pays africains peuvent également attirer des investissements étrangers, renforçant ainsi leur position sur la scène économique mondiale.

L'éducation financière est un aspect clé de l'autonomie économique, et les partenariats régionaux peuvent jouer un rôle crucial dans la formation des jeunes. En mettant en place des programmes d'éducation financière, les pays peuvent sensibiliser les nouvelles générations à l'utilisation efficace des ressources locales. Cela inclut la promotion de l'agriculture durable, du tourisme local et de l'artisanat, des secteurs qui peuvent offrir des opportunités significatives de développement économique. En collaborant sur ces initiatives, les pays peuvent créer des synergies et maximiser l'impact de leurs efforts.

Enfin, les partenariats régionaux peuvent également favoriser une transition vers des énergies renouvelables, un enjeu crucial pour l'indépendance économique de l'Afrique. En s'associant pour développer des projets d'énergie durable, les pays peuvent réduire leur dépendance aux combustibles fossiles importés et promouvoir des solutions énergétiques locales. Cela permet non seulement de répondre aux besoins croissants en énergie, mais également de contribuer à la lutte contre le changement climatique. En somme, les partenariats régionaux sont essentiels pour bâtir un avenir économique autonome et durable pour l'Afrique.

Barrières aux échanges commerciaux

****B**arrières aux échanges commerciaux**

Les échanges commerciaux en Afrique sont souvent entravés par une multitude de barrières qui limitent le potentiel économique du continent. Parmi ces obstacles, on trouve des réglementations douanières complexes, des infrastructures inadéquates et des coûts de transport élevés. Ces facteurs combinés créent un environnement peu favorable à l'émergence d'un commerce intra-africain dynamique. La simplification des procédures douanières et l'amélioration des infrastructures de transport sont donc essentielles pour favoriser un commerce plus fluide entre les pays africains.

Une autre barrière significative est le manque d'accès aux financements pour les petites et moyennes entreprises (PME) qui souhaitent se lancer dans le commerce interafricain. Les institutions financières traditionnelles, souvent réticentes à prendre des risques, ne soutiennent pas suffisamment les initiatives locales. Cela crée un cercle vicieux où les entrepreneurs n'ont pas les ressources nécessaires pour développer leurs activités, limitant ainsi leur capacité à participer au marché régional. Promouvoir des solutions de financement innovantes, telles que les monnaies numériques et les plateformes de crowdfunding, pourrait offrir des alternatives viables pour stimuler le commerce.

De plus, la diversité des langues et des cultures à travers le continent peut également constituer un obstacle aux échanges commerciaux. Les différences linguistiques compliquent les négociations et les interactions commerciales, rendant difficile la construction de relations de confiance entre partenaires. Il est crucial de promouvoir des initiatives visant à faciliter la compréhension interculturelle et à encourager la formation en langues locales pour renforcer les liens commerciaux. L'éducation financière, en ce sens, peut jouer un rôle clé en formant les jeunes entrepreneurs à naviguer dans ce paysage complexe.

La perception de la qualité des produits et services africains sur le marché mondial représente également un défi. De nombreux consommateurs privilégient les produits importés, souvent perçus comme de meilleure qualité. Cela souligne l'importance de valoriser l'artisanat et les produits locaux, en mettant en avant le savoir-faire africain et en garantissant des normes de qualité élevées. Les initiatives de certification et de promotion des produits africains doivent être renforcées pour améliorer la réputation des produits sur le marché international.

Enfin, la coopération régionale est essentielle pour surmonter ces barrières. Les accords commerciaux et les partenariats régionaux peuvent faciliter l'accès aux marchés et créer un environnement propice à l'échange. L'engagement des gouvernements africains à travailler ensemble pour réduire les barrières commerciales et promouvoir des politiques favorables au commerce intra-africain est crucial. En renforçant les partenariats économiques régionaux et en soutenant l'innovation technologique, l'Afrique peut progressivement se libérer de sa dépendance aux monnaies étrangères et bâtir une économie plus autonome et résiliente.

Initiatives pour renforcer les échanges intra-africains

✳✳Initiatives pour renforcer les échanges intra-africains**

Les échanges intra-africains constituent un levier essentiel pour l'autonomisation économique du continent. Dans un contexte où la dépendance aux devises étrangères pose des défis majeurs, plusieurs initiatives ont émergé pour stimuler le commerce entre les pays africains. Ces initiatives visent non seulement à renforcer les relations économiques, mais aussi à promouvoir l'utilisation de monnaies locales et numériques, facilitant ainsi les transactions commerciales et réduisant les coûts associés aux échanges transfrontaliers.

L'une des initiatives les plus marquantes est la Zone de Libre-Échange Continentale Africaine (ZLECA). Ce projet ambitieux vise à créer un marché unique pour les biens et services, en éliminant les barrières tarifaires et non tarifaires entre les États membres. En facilitant l'accès aux marchés locaux, la ZLECA encourage les entreprises africaines à se développer et à s'exporter au sein du continent. Cela représente une opportunité significative pour les startups et les PME, qui peuvent ainsi accéder à un plus large éventail de clients sans se heurter aux obstacles traditionnels du commerce international.

Parallèlement, des plateformes numériques émergent pour faciliter les échanges commerciaux intra-africains. Ces technologies permettent aux entrepreneurs de se connecter directement avec des fournisseurs et des clients à travers le continent. L'essor des monnaies numériques, en particulier, offre des solutions innovantes pour contourner les défis liés aux devises traditionnelles. En intégrant des systèmes de paiement basés sur la blockchain, ces plateformes réduisent les frais de transaction et augmentent la transparence, rendant les échanges plus accessibles et sécurisés pour les acteurs économiques africains.

Une autre dimension importante de ces initiatives est l'éducation financière. Former les jeunes et les entrepreneurs à l'utilisation des ressources locales et des outils technologiques est essentiel pour les préparer à tirer parti des opportunités offertes par les échanges intra-africains. Des programmes de sensibilisation et de formation sont mis en place pour inculquer des compétences en gestion financière, en commerce et en utilisation des monnaies numériques. Cette approche permet de bâtir une génération d'acteurs économiques autonomes, capables de naviguer dans un environnement commercial complexe et en constante évolution.

Enfin, la promotion du tourisme local et de l'artisanat constitue une stratégie complémentaire pour renforcer les échanges intra-africains. En valorisant les destinations africaines et les produits locaux, ces initiatives non seulement stimulent l'économie locale, mais encouragent également les échanges culturels et commerciaux entre les pays. En renforçant les partenariats régionaux, l'Afrique peut créer un écosystème économique dynamique, où les ressources et les savoir-faire sont partagés, favorisant ainsi une véritable intégration économique sur le continent.

Chapitre 9: Innovation Technologique et Startups Africaines

Écosystème des startups en Afrique

Écosystème des startups en Afrique

L'écosystème des startups en Afrique est en pleine effervescence, marquant une évolution significative dans le paysage économique du continent. Depuis quelques années, on assiste à une montée en puissance d'initiatives entrepreneuriales qui visent à répondre aux besoins locaux tout en exploitant les opportunités offertes par la technologie. Les jeunes entrepreneurs africains, motivés par le désir d'innovation et d'autosuffisance, développent des solutions qui non seulement contribuent à la croissance économique, mais aussi à la réduction de la dépendance aux devises étrangères.

Les startups africaines, en particulier dans le secteur des technologies financières, jouent un rôle crucial dans l'autonomisation économique. Elles proposent des services financiers adaptés aux réalités locales, permettant ainsi un accès facilité aux ressources financières pour les populations non bancarisées. Ce mouvement vers des monnaies numériques et des solutions de paiement innovantes est essentiel pour favoriser l'inclusion financière et stimuler l'économie locale. Par exemple, des plateformes de paiement mobile ont émergé, rendant possible les transactions sécurisées et instantanées, essentielles pour le commerce intra-africain.

En parallèle, l'éducation financière est un pilier clé dans l'essor de cet écosystème. De nombreuses startups intègrent des programmes de sensibilisation qui visent à former les jeunes entrepreneurs à l'utilisation des ressources locales et à la gestion financière. En dotant les nouvelles générations des compétences nécessaires, ces initiatives renforcent la capacité des individus à naviguer dans un environnement économique en constante évolution. Cela favorise non seulement l'entrepreneuriat, mais aussi une culture de responsabilité financière qui est indispensable pour le développement durable.

L'agriculture durable représente un autre secteur où les startups africaines font preuve d'innovation. En utilisant des pratiques agricoles modernes et respectueuses de l'environnement, elles contribuent à réduire la dépendance aux importations de produits alimentaires. De plus, ces entreprises développent des solutions technologiques pour améliorer la productivité, la traçabilité et la distribution des produits agricoles. Ce faisant, elles soutiennent non seulement la sécurité alimentaire, mais aussi la création d'emplois locaux, renforçant ainsi l'économie régionale.

Enfin, le tourisme local est un domaine prometteur pour les startups africaines. En mettant en avant les destinations uniques du continent, ces entreprises contribuent à stimuler l'économie tout en valorisant le patrimoine culturel et naturel. Les initiatives visant à promouvoir le tourisme interne permettent de diversifier les sources de revenus et de soutenir les communautés locales. Dans un monde de plus en plus interconnecté, l'essor des startups en Afrique est non seulement un vecteur de changement économique, mais également un symbole d'une autonomie croissante face aux défis globaux.

Solutions financières autonomes

⁕⁕Solutions financières autonomes**

Dans le contexte actuel de l'Afrique, la recherche de solutions financières autonomes est devenue une nécessité pour réduire la dépendance aux devises étrangères et favoriser le développement économique local. Ces solutions incluent la mise en place de monnaies numériques, qui permettent des transactions directes sans intermédiaires, et favorisent ainsi l'inclusion financière des populations. Les initiatives de monnaies numériques en Afrique, comme le projet de la monnaie numérique de la Banque Centrale des États de l'Afrique de l'Ouest (BCEAO), illustrent bien cette tendance. Elles visent à faciliter les échanges commerciaux intra-africains tout en réduisant les coûts de transaction.

En parallèle, les coopératives jouent un rôle clé dans la promotion de solutions financières autonomes. En regroupant des individus autour d'un projet commun, elles permettent de mutualiser les ressources et de créer des systèmes d'épargne et de crédit adaptés aux besoins locaux. Les coopératives agricoles, par exemple, peuvent aider les agriculteurs à accéder à des financements pour améliorer leurs techniques de culture, tout en favorisant la vente directe de leurs produits sur les marchés. Cela contribue non seulement à l'autosuffisance alimentaire, mais aussi à la création d'emplois au sein des communautés.

L'éducation financière est également un élément essentiel pour encourager l'utilisation des ressources locales et promouvoir l'autonomie économique. En formant les jeunes aux principes de la gestion financière, à l'entrepreneuriat et à l'importance de soutenir l'économie locale, on leur donne les outils nécessaires pour bâtir un avenir prospère. Des programmes éducatifs axés sur la finance durable et l'innovation peuvent ainsi stimuler la création de startups africaines qui répondent aux défis économiques spécifiques du continent.

Le secteur du tourisme local représente une autre voie pour renforcer les solutions financières autonomes. En mettant en avant les richesses culturelles et naturelles de l'Afrique, il est possible d'attirer des visiteurs et d'encourager des investissements dans les infrastructures locales. Cela peut se traduire par des opportunités d'emploi pour les communautés, tout en assurant que les bénéfices restent dans la région. Promouvoir des destinations africaines authentiques et durables peut ainsi stimuler l'économie locale tout en préservant l'environnement.

Enfin, l'innovation technologique émerge comme un levier crucial pour le développement de solutions financières autonomes. Les startups africaines développent des applications et des plateformes qui facilitent l'accès aux services financiers, même dans les zones les plus reculées. Ces technologies permettent de contourner les barrières traditionnelles, offrant ainsi de nouvelles opportunités pour les petites entreprises et les entrepreneurs. En favorisant un écosystème d'innovation, l'Afrique peut construire un avenir financier autonome, où les ressources locales sont valorisées et utilisées de manière optimale pour le bénéfice de toutes les populations.

Exemples d'innovations réussies

Dans le contexte de la libération monétaire en Afrique, plusieurs exemples d'innovations réussies illustrent comment les pays africains peuvent s'affranchir de la dépendance aux devises étrangères. Ces initiatives, qui vont des technologies financières aux pratiques agricoles durables, démontrent qu'il est possible de bâtir une économie résiliente et autonome en s'appuyant sur les ressources locales.

Un des exemples marquants est l'émergence des monnaies numériques africaines. Plusieurs pays ont lancé leurs propres plateformes de paiement numérique, permettant aux citoyens d'effectuer des transactions sans recourir aux devises étrangères. Par exemple, le projet de monnaie numérique au Nigeria a non seulement facilité les échanges commerciaux, mais a également permis d'atteindre les populations non bancarisées, en leur offrant un accès direct aux services financiers. Cela représente une avancée significative vers l'inclusion financière et la réduction de la dépendance vis-à-vis des systèmes bancaires traditionnels.

Dans le domaine de l'agriculture, des initiatives innovantes comme l'utilisation des technologies de précision et des systèmes d'irrigation intelligents ont permis aux agriculteurs africains d'augmenter leur production tout en réduisant leur dépendance aux importations alimentaires. Des start-ups locales développent des applications qui fournissent des données en temps réel sur les conditions climatiques et les besoins en ressources, permettant ainsi aux agriculteurs de prendre des décisions éclairées. Ces innovations contribuent non seulement à la sécurité alimentaire, mais favorisent également l'autosuffisance économique des communautés rurales.

Le secteur du tourisme local a également vu émerger des modèles innovants visant à promouvoir les destinations africaines. Des plateformes de réservation en ligne ont été créées pour mettre en avant les hébergements et les attractions touristiques gérées par des locaux. En valorisant les savoir-faire artisanaux et culturels, ces initiatives favorisent le développement économique des régions tout en attirant des visiteurs qui souhaitent vivre une expérience authentique. Cela aide à dynamiser l'économie locale et à réduire la fuite des capitaux vers les grands groupes internationaux.

Enfin, le rôle des coopératives dans le développement économique local ne doit pas être sous-estimé. En Afrique, de nombreuses coopératives ont vu le jour, regroupant des producteurs locaux pour commercialiser ensemble leurs produits. Ces structures jouent un rôle clé dans le renforcement des échanges commerciaux intra-africains, en facilitant l'accès aux marchés et en augmentant le pouvoir de négociation des petits producteurs. Grâce à des initiatives telles que la mise en commun de ressources et la formation à la gestion financière, les coopératives contribuent à une plus grande solidarité économique et à une résilience face aux chocs extérieurs.

Ces exemples d'innovations réussies montrent qu'avec des initiatives locales adaptées aux besoins spécifiques de chaque communauté, l'Afrique peut réellement aspirer à une autonomie financière et à une indépendance économique durable.

Chapitre 10: Rôle des Coopératives dans le Développement Économique

Importance des coopératives locales

Importance des coopératives locales

Les coopératives locales jouent un rôle crucial dans le développement économique des communautés africaines. Elles offrent une alternative aux modèles économiques traditionnels en favorisant la solidarité et l'entraide entre les membres. En se regroupant, les producteurs locaux, qu'ils soient agriculteurs, artisans ou prestataires de services, peuvent mutualiser leurs ressources, réduire leurs coûts de production et améliorer leur accès aux marchés. Cela permet non seulement de renforcer l'autonomie financière des individus, mais aussi de stimuler l'économie locale en créant des emplois et en soutenant la consommation de produits locaux.

L'un des atouts majeurs des coopératives est leur capacité à encourager la production durable. En regroupant les efforts, les membres peuvent adopter des pratiques agricoles respectueuses de l'environnement, contribuant ainsi à la réduction de la dépendance aux importations de produits alimentaires. Les coopératives peuvent également jouer un rôle clé dans la mise en œuvre de techniques agricoles innovantes, favorisant la résilience face aux changements climatiques et aux fluctuations des prix des denrées alimentaires. En intégrant ces approches, elles assurent non seulement leur propre survie, mais aussi celle de l'écosystème dans lequel elles évoluent.

Sur le plan financier, les coopératives locales offrent des solutions innovantes pour le financement de projets. Grâce à des modèles de microfinance et de solidarité financière, elles permettent aux membres d'accéder à des fonds nécessaires pour développer leurs activités. Cela s'avère particulièrement pertinent dans un contexte où l'accès au crédit traditionnel est souvent limité pour les petites entreprises et les agriculteurs. En soutenant les initiatives locales, les coopératives participent à la mise en place d'un système financier plus accessible et adapté aux réalités du terrain.

Le développement des coopératives est également lié à l'éducation financière des jeunes. En formant les nouvelles générations à la gestion des ressources locales et à l'importance de la coopération, on favorise une culture d'autosuffisance et d'innovation. Les jeunes peuvent ainsi acquérir des compétences essentielles pour évoluer dans un monde en constante évolution, tout en contribuant à la dynamique locale. Cette éducation est nécessaire pour bâtir des communautés résilientes et autonomes, capables de prendre en main leur avenir économique.

Enfin, les coopératives locales sont des vecteurs de promotion du tourisme et de la culture africaines. En valorisant l'artisanat et les produits locaux, elles attirent non seulement les consommateurs nationaux, mais aussi les visiteurs internationaux. Cela génère des revenus supplémentaires pour les membres et contribue à la mise en valeur des savoir-faire africains sur le marché global. En encourageant les échanges commerciaux intra-africains, les coopératives renforcent les partenariats régionaux et participent à la construction d'une Afrique autonome, capable de s'affranchir de la dépendance aux devises étrangères.

Modèles de coopératives réussies

Modèles de coopératives réussies

Les coopératives jouent un rôle essentiel dans le développement économique et social en Afrique, en favorisant la solidarité et l'autosuffisance. En s'appuyant sur des modèles adaptés aux réalités locales, ces structures peuvent répondre aux besoins spécifiques des communautés tout en stimulant l'économie régionale. Les exemples de coopératives réussies à travers le continent illustrent comment une approche collaborative permet de surmonter des défis tels que la dépendance monétaire, l'accès aux marchés et la formation financière.

Un modèle exemplaire est celui des coopératives agricoles, qui ont vu le jour dans plusieurs pays africains pour lutter contre la précarité alimentaire et améliorer les revenus des agriculteurs. Par exemple, en Côte d'Ivoire, des coopératives de producteurs de cacao ont réussi à s'organiser pour négocier directement avec des acheteurs internationaux, évitant ainsi les intermédiaires. Cela a permis non seulement d'augmenter les bénéfices des agriculteurs, mais également de renforcer leur pouvoir de négociation et leur autonomie économique. Ces coopératives offrent également des formations sur les pratiques agricoles durables, contribuant ainsi à une agriculture résiliente et respectueuse de l'environnement.

Un autre modèle inspirant est celui des coopératives de consommation, qui permettent à des groupes de personnes de s'unir pour acheter des biens et services en gros, réduisant ainsi les coûts. En Afrique du Sud, des coopératives de consommateurs ont émergé dans des communautés marginalisées, leur permettant d'accéder à des produits alimentaires de qualité à des prix abordables. Ces initiatives renforcent non seulement l'économie locale, mais encouragent également la solidarité entre les membres, créant un réseau de soutien mutuel. En favorisant les échanges intra-africains, ces coopératives participent à la construction d'une économie régionale dynamique et interconnectée.

Les coopératives de crédit constituent également un modèle efficace pour promouvoir l'indépendance financière. En offrant des services financiers adaptés aux besoins des populations, elles permettent un meilleur accès au crédit et à l'épargne. Au Kenya, par exemple, les sacco (cooperative savings and credit organizations) ont transformé la manière dont les communautés gèrent leurs finances. Ces coopératives offrent des taux d'intérêt compétitifs et des programmes de formation financière, permettant aux membres d'acquérir des compétences nécessaires pour une gestion efficace de leurs ressources. Cela contribue à réduire la dépendance aux institutions financières traditionnelles et renforce la résilience économique des ménages.

Enfin, les coopératives artisanales représentent une opportunité unique pour valoriser le savoir-faire africain sur le marché global. En unissant les artisans, ces structures leur permettent de mutualiser leurs ressources, d'accéder à des marchés plus larges et de promouvoir des produits locaux. Des initiatives en Tanzanie et au Mali ont démontré comment les coopératives pouvaient favoriser l'innovation et la créativité, tout en préservant les traditions culturelles. En promouvant le tourisme local et en soutenant les échanges commerciaux intra-africains, ces coopératives contribuent à une économie plus autonome et durable, renforçant ainsi l'identité et le patrimoine africains.

En somme, les modèles de coopératives réussies en Afrique illustrent l'importance de l'approche collective pour surmonter les défis économiques. En favorisant l'autosuffisance, l'éducation financière et la solidarité, ces structures constituent un levier essentiel pour bâtir un avenir économique autonome et prospère pour le continent.

Impact sur les communautés

Impact sur les communautés

L'impact de la libération monétaire sur les communautés africaines est une thématique centrale dans la quête d'une autonomie économique. En réduisant la dépendance aux devises étrangères, les pays africains peuvent favoriser le développement de monnaies locales et numériques qui répondent mieux aux besoins spécifiques de leurs populations. Cette transformation permet non seulement d'accroître la résilience économique, mais aussi de renforcer la cohésion sociale au sein des communautés. Les monnaies numériques, en particulier, offrent une plateforme innovante pour faciliter les échanges et les transactions à l'échelle locale, contribuant ainsi à la création d'un écosystème économique plus dynamique.

Les initiatives locales de développement économique jouent un rôle crucial dans cette dynamique. En encourageant l'auto-suffisance, les projets communautaires peuvent transformer des ressources locales en opportunités économiques. Par exemple, des coopératives agricoles peuvent se former autour de la production et de la distribution de produits alimentaires de manière autonome. Cela non seulement réduit la dépendance aux importations, mais crée également des emplois locaux, renforce les liens communautaires et favorise une économie circulaire qui profite à tous les membres de la communauté.

L'éducation financière est un autre pilier essentiel pour maximiser l'impact de la libération monétaire. Former les jeunes à l'utilisation des ressources locales et à la gestion des finances personnelles contribue à bâtir une génération d'entrepreneurs et de consommateurs avertis. Des programmes d'éducation financière peuvent intégrer des éléments sur l'utilisation des monnaies numériques et la promotion des produits locaux, créant ainsi une conscience collective autour de la valeur de l'autosuffisance. Cela permet aux jeunes de prendre des décisions éclairées et de participer activement à la croissance économique de leur communauté.

Le secteur du tourisme local représente également une opportunité significative pour stimuler l'économie des communautés africaines. En promouvant des destinations africaines authentiques, les communautés peuvent attirer des visiteurs et générer des revenus tout en valorisant leur patrimoine culturel et naturel. Cela contribue non seulement à l'économie locale, mais renforce également la fierté communautaire en mettant en avant les savoir-faire africains. Les échanges commerciaux intra-africains peuvent également se développer dans ce contexte, favorisant des partenariats régionaux qui profitent à l'ensemble des acteurs économiques.

Enfin, l'innovation technologique émerge comme un levier puissant pour la transformation économique des communautés. Les startups africaines, en proposant des solutions financières autonomes, peuvent répondre aux besoins spécifiques des populations tout en stimulant l'entrepreneuriat local. En outre, le développement des énergies renouvelables peut soutenir cette transition vers une indépendance économique en fournissant des ressources durables et accessibles. En somme, l'impact de la libération monétaire sur les communautés africaines est multidimensionnel, engendrant des changements significatifs qui favorisent une prospérité partagée et durable.

Chapitre 11 : Énergies Renouvelables comme Levier Économique

Potentiel des énergies renouvelables en Afrique

Le potentiel des énergies renouvelables en Afrique est immense et représente une opportunité significative pour le continent de se libérer de la dépendance aux combustibles fossiles et aux investissements étrangers. Avec des ressources variées allant de l'énergie solaire aux énergies éolienne, hydraulique et géothermique, l'Afrique dispose d'un éventail impressionnant d'options pour développer des solutions énergétiques durables. Par exemple, l'ensoleillement abondant dans de nombreuses régions permet de concevoir des systèmes solaires à grande échelle, tout en offrant des possibilités d'électrification rurale via des installations solaires décentralisées.

L'intégration des énergies renouvelables dans le mix énergétique africain pourrait également stimuler la création d'emplois locaux et renforcer l'autonomie économique des communautés. En investissant dans les infrastructures nécessaires, comme les centrales solaires et éoliennes, les pays africains peuvent non seulement répondre à leurs besoins énergétiques croissants, mais aussi favoriser le développement d'industries locales. Cela pourrait conduire à une réduction des importations d'énergie et à une amélioration de la balance commerciale, ce qui est essentiel pour la stabilité économique.

L'éducation financière joue un rôle clé dans la promotion des énergies renouvelables. En formant les jeunes sur les avantages des ressources locales et les technologies vertes, on peut encourager l'innovation et l'entrepreneuriat dans le secteur énergétique. Les programmes éducatifs peuvent sensibiliser à l'importance de la durabilité et de la gestion des ressources, incitant ainsi les nouvelles générations à s'engager activement dans la transition énergétique. Cela contribue à créer une culture de l'autosuffisance qui est essentielle pour un avenir économique prospère.

Le développement des énergies renouvelables est également un levier pour le tourisme local. En mettant en avant des initiatives écologiques et durables, l'Afrique peut attirer des visiteurs soucieux de l'environnement, désireux de découvrir des destinations qui valorisent la nature et la culture locale. Le tourisme durable peut générer des revenus importants pour les économies locales tout en promouvant les énergies renouvelables comme une composante essentielle de l'expérience touristique. Ce modèle peut renforcer les partenariats régionaux et favoriser les échanges commerciaux intra-africains.

Enfin, les coopératives jouent un rôle crucial dans la transition vers les énergies renouvelables. Ces structures peuvent rassembler les ressources et les compétences nécessaires pour développer des projets énergétiques au niveau local. En facilitant l'accès aux technologies vertes et en partageant les bénéfices, les coopératives favorisent la solidarité et le développement économique local. Elles constituent ainsi un moteur puissant pour l'indépendance économique de l'Afrique, permettant aux communautés de prendre le contrôle de leur avenir énergétique tout en soutenant une croissance durable.

Projets réussis et innovations

Dans le contexte de la libération monétaire en Afrique, plusieurs projets réussis et innovations émergent, témoignant d'une volonté collective de réduire la dépendance aux devises étrangères. Parmi les initiatives marquantes, on trouve le développement de monnaies numériques adaptées aux réalités africaines. Ces monnaies, souvent créées par des startups locales, offrent une alternative viable aux systèmes financiers traditionnels, facilitant ainsi les transactions et stimulant l'économie locale. En intégrant les technologies de la blockchain, ces innovations permettent une transparence accrue et une sécurité renforcée, contribuant à la confiance des utilisateurs.

Un autre domaine dans lequel l'Afrique excelle est celui de l'agriculture durable. Des projets innovants, tels que l'utilisation de techniques d'agroécologie et de permaculture, ont vu le jour pour promouvoir l'autosuffisance alimentaire. Ces initiatives non seulement réduisent la dépendance aux importations, mais encouragent également la production locale, créant des emplois et soutenant les économies rurales. Les agriculteurs, formés aux pratiques durables, sont désormais en mesure de produire des cultures diversifiées, répondant ainsi aux besoins nutritionnels des populations tout en préservant l'environnement.

Le secteur du tourisme local représente également un axe stratégique pour stimuler l'économie africaine. Des projets innovants, centrés sur la promotion des destinations africaines, ont été lancés pour attirer à la fois les touristes locaux et internationaux. En valorisant le patrimoine culturel, les ressources naturelles et les savoir-faire artisanaux, ces initiatives offrent une expérience authentique et enrichissante, tout en générant des revenus pour les communautés. La synergie entre tourisme et développement local permet de renforcer les échanges commerciaux intra-africains, consolidant ainsi les partenariats régionaux.

Les coopératives jouent un rôle essentiel dans le développement économique local, en favorisant la solidarité et l'entraide entre les membres. De nombreux projets ont été mis en place pour encourager la création de coopératives dans des secteurs variés, tels que l'artisanat, l'agriculture et les énergies renouvelables. Ces structures permettent de mutualiser les ressources, d'accéder à des marchés plus larges et de bénéficier de formations en gestion financière. En s'appuyant sur le savoir-faire local, les coopératives contribuent à l'émergence d'une économie résiliente et autonome.

Enfin, l'innovation technologique est un levier incontournable pour la transformation économique de l'Afrique. Des startups africaines développent des solutions financières autonomes, visant à faciliter l'accès aux services bancaires et à promouvoir l'inclusion financière. Grâce à des applications mobiles et des plateformes numériques, ces entreprises offrent des services adaptés aux besoins des populations, notamment dans les zones rurales. En s'appuyant sur les ressources locales et en favorisant l'éducation financière, ces initiatives sont essentielles pour construire une Afrique autonome, capable de s'affranchir des contraintes imposées par les systèmes monétaires externes.

Vers une indépendance énergétique

Vers une indépendance énergétique
L'indépendance énergétique est devenue un enjeu majeur pour les pays africains, dont les économies dépendent souvent des importations de combustibles fossiles. Cette situation limite non seulement la croissance économique, mais elle expose également les nations aux fluctuations des marchés mondiaux. Pour rompre ce cycle, il est crucial d'investir dans des sources d'énergie renouvelable, telles que le solaire, l'éolien et l'hydraulique. Ces ressources, abondantes sur le continent, présentent des avantages non seulement en matière de durabilité, mais également en termes de création d'emplois et de développement local.

Les initiatives locales en matière d'énergie renouvelable peuvent jouer un rôle clé dans l'autosuffisance économique. Par exemple, des projets communautaires de panneaux solaires permettent aux villages de produire leur propre électricité, réduisant ainsi leur dépendance à l'égard des fournisseurs externes. En intégrant ces technologies, les communautés peuvent non seulement améliorer leur qualité de vie, mais aussi stimuler des activités économiques locales, comme l'artisanat et le tourisme. Cela favorise une dynamique où les ressources locales sont valorisées et contribuent au bien-être général.

L'éducation financière est un facteur essentiel pour accompagner cette transition vers l'indépendance énergétique. Former les jeunes à l'utilisation des ressources locales et à la gestion de projets d'énergie renouvelable leur offre des perspectives d'avenir. En intégrant ces thématiques dans les programmes scolaires, on prépare une nouvelle génération d'entrepreneurs capables de développer des solutions innovantes adaptées aux besoins locaux. Cette approche favorise également la création de startups africaines qui œuvrent pour des solutions énergétiques autonomes, renforçant ainsi l'économie locale.

Le tourisme local, quant à lui, peut bénéficier de l'indépendance énergétique. En promouvant des destinations écologiques alimentées par des énergies renouvelables, l'Afrique peut attirer des visiteurs soucieux de l'environnement. Cela stimule non seulement l'économie, mais contribue également à la préservation des ressources naturelles. En intégrant des pratiques durables dans le secteur touristique, les pays africains peuvent créer un cercle vertueux où la protection de l'environnement et la prospérité économique vont de pair.

Enfin, les échanges commerciaux intra-africains doivent être renforcés pour soutenir cette transition. En développant des partenariats régionaux autour des énergies renouvelables, les pays peuvent partager des technologies, des compétences et des investissements. Les coopératives jouent également un rôle crucial dans cette dynamique, en favorisant la solidarité et le développement économique local. En conclusion, vers une indépendance énergétique, l'Afrique doit s'engager à exploiter son potentiel énergétique renouvelable, tout en favorisant l'éducation, l'innovation et la collaboration entre nations pour construire un avenir économique autonome et durable.

Chapitre 12: Artisanat et Produits Locaux Valorisation du savoir-faire africain

Valorisation du savoir-faire africain
Le savoir-faire africain constitue un trésor inestimable qui mérite d'être valorisé sur le marché global. Dans un monde de plus en plus connecté, l'Afrique possède une richesse de compétences artisanales, culinaires et techniques qui reflètent sa diversité culturelle. En mettant en avant ces compétences, non seulement nous préservons notre patrimoine, mais nous créons également des opportunités économiques pour les communautés locales. Par exemple, les artisans africains, en utilisant des matériaux locaux et des méthodes traditionnelles, peuvent produire des biens uniques qui attirent l'attention des consommateurs internationaux en quête d'authenticité.

La valorisation de ce savoir-faire passe également par l'éducation et la formation. Il est essentiel d'initier les jeunes générations à ces compétences, non seulement pour préserver notre histoire, mais aussi pour les préparer à un avenir dans lequel l'innovation et la tradition peuvent coexister. Des programmes de formation professionnelle peuvent être mis en place pour enseigner aux jeunes l'artisanat, la cuisine locale, et d'autres métiers traditionnels. Cela permettrait de renforcer le lien entre les savoirs ancestraux et les exigences du marché moderne, tout en favorisant l'entrepreneuriat local.

Les initiatives locales de développement économique jouent un rôle crucial dans cette valorisation. En soutenant les coopératives et les associations d'artisans, nous pouvons créer un écosystème favorable à la production et à la distribution de produits locaux. Ces organisations permettent aux artisans de mutualiser leurs ressources, d'accéder à des marchés plus larges et de bénéficier de formations sur les techniques de vente et de marketing. De plus, elles favorisent la solidarité entre les membres, renforçant ainsi le tissu social et économique des communautés.

Le tourisme local représente également une opportunité importante pour mettre en valeur le savoir-faire africain. En développant des circuits touristiques qui mettent en avant les artisans locaux, les cultures culinaires et les traditions artistiques, nous pouvons attirer des visiteurs désireux de découvrir l'authenticité de l'Afrique. Ce type de tourisme contribue non seulement à la promotion des destinations africaines, mais génère également des revenus qui peuvent être réinvestis dans les communautés, créant ainsi un cercle vertueux de développement économique.

Enfin, l'innovation technologique offre une nouvelle plateforme pour la valorisation du savoir-faire africain. Avec l'émergence des monnaies numériques et des solutions de commerce en ligne, les artisans peuvent facilement accéder à des marchés internationaux sans avoir besoin d'intermédiaires. Cela leur permet de maximiser leurs profits et de promouvoir leurs produits de manière plus efficace. En intégrant la technologie dans leurs pratiques, les artisans africains peuvent non seulement préserver leur savoir-faire, mais aussi le transformer en une véritable force économique, contribuant ainsi à l'autonomie financière de l'Afrique.

Accès aux marchés globaux

Accès aux marchés globaux

L'accès aux marchés globaux représente un enjeu crucial pour l'Afrique, car il constitue un vecteur essentiel pour la libération monétaire et l'autonomie économique. Historiquement, les économies africaines ont été dépendantes des importations et des devises étrangères, limitant ainsi leur capacité à se développer de manière autonome. La dynamique actuelle, portée par l'essor des monnaies numériques et des initiatives locales, offre une opportunité unique pour les pays africains de s'affranchir de cette dépendance et d'accéder à des marchés globaux de manière plus équitable.

L'essor des monnaies numériques en Afrique joue un rôle fondamental dans cette transformation. Ces solutions innovantes permettent non seulement de faciliter les transactions, mais aussi de réduire les coûts liés aux échanges internationaux. En intégrant des systèmes de paiement alternatifs, les entreprises africaines peuvent se connecter plus facilement aux consommateurs et aux partenaires commerciaux à travers le monde. Ces avancées technologiques favorisent l'inclusion financière et renforcent la capacité des entrepreneurs locaux à s'intégrer dans l'économie globale.

Les initiatives locales de développement économique, telles que la promotion de l'agriculture durable et le soutien aux artisans, sont également essentielles pour renforcer l'accès aux marchés globaux. En valorisant les ressources et les savoir-faire locaux, les pays africains peuvent proposer des produits de qualité sur le marché international. Cela encourage non seulement l'autosuffisance, mais contribue également à la création d'emplois et à la dynamisation des économies locales. Le développement de marques africaines fortes peut ouvrir des portes sur des marchés auparavant inaccessibles.

Un autre aspect clé est le renforcement des échanges commerciaux intra-africains. La mise en place d'accords commerciaux régionaux et la réduction des barrières douanières permettent de stimuler les partenariats entre les pays africains. En favorisant le commerce intra-africain, les nations peuvent mieux se soutenir mutuellement et bâtir une économie collective résiliente. Cela s'inscrit dans une vision d'unité et de solidarité qui non seulement facilite l'accès aux marchés globaux, mais renforce également la position de l'Afrique sur la scène économique mondiale.

Enfin, l'éducation financière est primordiale pour former les jeunes générations à utiliser les ressources locales de manière efficace. En leur offrant les outils nécessaires pour comprendre et naviguer dans l'économie globale, on les prépare à devenir des acteurs actifs et informés sur les marchés internationaux. En intégrant des programmes d'éducation financière dans les écoles et les communautés, l'Afrique peut s'assurer que ses jeunes sont prêts à tirer parti des opportunités offertes par l'économie mondiale, tout en respectant et en valorisant leur propre patrimoine culturel et économique.

Initiatives pour promouvoir l'artisanat local

Initiatives pour promouvoir l'artisanat local

L'artisanat local joue un rôle crucial dans le développement économique des nations africaines. En tant que vecteur d'identité culturelle et de patrimoine, il offre non seulement des produits uniques, mais aussi des opportunités d'emploi pour de nombreuses personnes dans les communautés. Pour promouvoir cet artisanat, plusieurs initiatives ont été mises en place, visant à renforcer les capacités des artisans, à améliorer la qualité des produits et à élargir les marchés accessible à ces créateurs.

Une des approches les plus efficaces pour soutenir l'artisanat local est la formation et l'éducation des artisans. Des programmes de formation sont organisés pour enseigner aux artisans des compétences modernes tout en préservant les techniques traditionnelles. Ces formations incluent des aspects tels que le marketing, la gestion financière, et l'utilisation des technologies numériques pour atteindre un public plus large. En investissant dans l'éducation des artisans, on leur permet non seulement de perfectionner leur art, mais aussi de développer une approche commerciale viable.

Parallèlement, la création de coopératives d'artisans favorise la solidarité et le partage des ressources. Ces structures permettent aux artisans de se regrouper, de mutualiser leurs efforts et de bénéficier de économies d'échelle. Grâce à ces coopératives, les artisans peuvent également négocier de meilleures conditions d'achat pour leurs matières premières et s'unir pour participer à des foires et des expositions, augmentant ainsi leur visibilité sur le marché local et international.

Les gouvernements et les organisations non gouvernementales jouent également un rôle essentiel dans la promotion de l'artisanat local. Des campagnes de sensibilisation sont mises en place pour valoriser les produits artisanaux auprès du public. De plus, des subventions et des aides financières sont proposées pour aider les artisans à surmonter les obstacles liés à la production et à la commercialisation. Ces initiatives permettent de créer un environnement favorable à la croissance de l'artisanat et d'encourager les consommateurs à privilégier les produits locaux plutôt que les importations.

Enfin, le tourisme peut être un levier puissant pour promouvoir l'artisanat local. En intégrant des expériences artisanales authentiques dans les itinéraires touristiques, les visiteurs sont incités à découvrir et à acheter des produits locaux. Cela contribue non seulement à l'économie locale, mais renforce également la reconnaissance et l'appréciation des savoir-faire africains. En favorisant un échange culturel riche, ces initiatives contribuent à faire rayonner l'artisanat local sur la scène mondiale, tout en soutenant l'autonomie économique des communautés africaines.

Chapitre 13: Conclusion et Perspectives d'Avenir

Résumé des enjeux et solutions

Dans le contexte actuel, l'Afrique fait face à des enjeux économiques majeurs liés à sa dépendance vis-à-vis des devises étrangères. Cette situation limite non seulement la souveraineté financière des pays africains, mais elle entrave également leur potentiel de développement durable. La volatilité des marchés mondiaux, les fluctuations des taux de change et les crises économiques internationales exacerbent cette dépendance, rendant les économies locales vulnérables. Pour surmonter ces défis, il est essentiel d'explorer des solutions innovantes qui favorisent l'autonomie financière sur le continent.

Une des solutions les plus prometteuses réside dans l'adoption des monnaies numériques. Ces technologies offrent la possibilité de créer des systèmes de paiement locaux, moins soumis aux aléas des devises étrangères. En développant des monnaies numériques adaptées aux réalités africaines, les pays peuvent renforcer leur indépendance économique et faciliter les échanges commerciaux intra-africains. De plus, ces initiatives peuvent stimuler l'inclusion financière en permettant aux populations non bancarisées d'accéder plus facilement aux services financiers.

Parallèlement, le développement d'initiatives locales axées sur l'autosuffisance économique constitue une autre voie cruciale. En encourageant la production locale et en soutenant les petites et moyennes entreprises, les pays africains peuvent réduire leur dépendance aux importations. Les secteurs de l'agriculture durable et du tourisme local, par exemple, offrent des opportunités significatives. En valorisant les ressources locales, il est possible de créer des emplois, de dynamiser l'économie locale et de promouvoir un développement durable et équitable.

L'éducation financière joue également un rôle fondamental dans cette transformation. Former les jeunes à utiliser les ressources locales et à comprendre les principes de la gestion financière est essentiel pour bâtir une économie résiliente. En intégrant des programmes d'éducation financière dans les écoles et les communautés, il est possible d'inculquer des valeurs d'autonomie et de solidarité, préparant ainsi une nouvelle génération à relever les défis économiques de demain.

Enfin, l'innovation technologique et le soutien aux coopératives sont des leviers importants pour renforcer l'économie locale. Les startups africaines peuvent développer des solutions financières autonomes qui répondent aux besoins spécifiques des marchés africains. En parallèle, les coopératives jouent un rôle clé dans la solidarité économique et le développement communautaire, permettant de mutualiser les ressources et d'accroître la résilience des économies locales. Ainsi, en combinant ces différentes solutions, l'Afrique peut véritablement se diriger vers une libération monétaire et une autonomie économique durable.

Vision pour une Afrique autonome

Vision pour une Afrique autonome

L'Afrique, riche en ressources naturelles et en potentiel humain, se trouve à un tournant décisif de son histoire. La vision d'une Afrique autonome repose sur la capacité des nations africaines à se libérer de la dépendance aux monnaies étrangères, en favorisant des solutions financières locales adaptées aux réalités économiques du continent. Cette autonomisation financière est essentielle pour créer un environnement propice à la croissance économique durable et à l'épanouissement des communautés. En adoptant des monnaies numériques et en renforçant les initiatives locales, l'Afrique peut bâtir un système économique résilient et inclusif qui répond aux besoins de sa population.

La transformation économique de l'Afrique nécessite une éducation financière solide, en particulier pour les jeunes. En intégrant des programmes d'éducation financière dans les curricula scolaires et en proposant des ateliers communautaires, il devient possible de former une génération consciente de l'importance de l'utilisation des ressources locales. Cette prise de conscience permettra non seulement de réduire la dépendance aux importations, mais aussi de stimuler l'entrepreneuriat local. Les jeunes, en tant qu'agents de changement, joueront un rôle crucial dans la mise en œuvre de solutions innovantes qui favoriseront l'autosuffisance.

Un autre pilier de cette vision est le développement de l'agriculture durable. En investissant dans des pratiques agricoles respectueuses de l'environnement et en promouvant des cultures adaptées aux conditions locales, l'Afrique peut réduire sa dépendance aux importations alimentaires. De plus, en encourageant les circuits courts et les coopératives agricoles, les producteurs locaux peuvent non seulement améliorer leur sécurité alimentaire, mais aussi renforcer les économies rurales. Cette approche favorise la solidarité entre les agriculteurs et stimule la création d'emplois dans les zones rurales.

Le tourisme local représente également une opportunité majeure pour stimuler l'économie et promouvoir les destinations africaines. En valorisant les atouts culturels et naturels du continent, l'Afrique peut attirer des visiteurs tout en soutenant les entreprises locales. Des initiatives visant à encourager le tourisme durable et responsable contribueront à la préservation de l'environnement et à la promotion du savoir-faire local. En renforçant les échanges commerciaux intra-africains, les pays peuvent établir des partenariats régionaux solides, favorisant ainsi une intégration économique bénéfique pour tous.

Enfin, l'innovation technologique est un facteur clé pour l'autonomie économique de l'Afrique. Les startups africaines doivent être soutenues pour développer des solutions financières adaptées aux besoins locaux. Cela inclut la création de plateformes de paiement numérique, de services bancaires accessibles et de systèmes de financement participatif. En intégrant les énergies renouvelables dans le développement économique, l'Afrique peut également s'affranchir des dépendances énergétiques extérieures. L'artisanat et les produits locaux, en étant valorisés sur le marché global, permettront non seulement de renforcer l'identité culturelle, mais aussi de créer des opportunités économiques durables. Ainsi, la vision d'une Afrique autonome est non seulement réalisable, mais constitue une nécessité pour un avenir prospère et équitable.

Appel à l'action pour les lecteurs

Dans un monde en constante évolution, il est impératif que chaque citoyen africain prenne conscience de son pouvoir d'agir pour catalyser le changement économique et social. La dépendance vis-à-vis des devises étrangères a longtemps entravé le développement durable de notre continent. Nous avons le potentiel de créer une Afrique autonome, où nos ressources, notre savoir-faire et nos innovations peuvent non seulement nourrir nos populations, mais aussi stimuler notre économie. Il est temps de se mobiliser et d'adopter des initiatives qui favorisent l'utilisation de nos monnaies locales et numériques, renforçant ainsi notre indépendance financière.

L'éducation financière joue un rôle crucial dans cette transformation. Former nos jeunes à l'utilisation efficace des ressources locales et à la gestion de l'argent est essentiel. Les programmes éducatifs doivent être adaptés pour inclure des modules sur les monnaies numériques et sur l'importance des échanges commerciaux intra-africains. En sensibilisant les jeunes générations, nous préparons les leaders de demain qui porteront le flambeau de l'autosuffisance économique et de l'innovation. Chaque effort compte, et les lecteurs sont invités à participer activement à ces initiatives éducatives, que ce soit en soutenant des programmes ou en partageant leurs connaissances.

L'agriculture durable est un autre axe sur lequel nous devons nous concentrer. La réduction de la dépendance aux importations alimentaires est non seulement une question de sécurité alimentaire, mais également une opportunité de revitaliser nos économies locales. En soutenant les agriculteurs locaux et en promouvant des pratiques agricoles durables, nous pouvons créer des chaînes d'approvisionnement résilientes et économiquement viables. Les lecteurs sont appelés à privilégier les produits locaux, à participer à des initiatives communautaires et à soutenir les coopératives qui œuvrent pour un développement économique inclusif.

Le tourisme local représente également un levier puissant pour stimuler l'économie africaine. En valorisant nos destinations touristiques, nous pouvons non seulement attirer des visiteurs, mais aussi renforcer les économies locales. Les lecteurs doivent envisager de promouvoir les richesses culturelles et naturelles de leur région, encourageant ainsi les échanges et les partenariats régionaux. En soutenant le tourisme local, nous investissons dans notre propre avenir économique et contribuons à la prospérité de nos communautés.

Enfin, l'innovation technologique est essentielle pour bâtir une Afrique autonome. Les startups africaines doivent être encouragées et soutenues dans leur quête de solutions financières autonomes. Les lecteurs peuvent jouer un rôle clé en investissant dans des entreprises locales, en participant à des incubateurs ou en promouvant les initiatives d'innovation. En unissant nos forces, nous pouvons construire une Afrique où la solidarité, la créativité et la détermination nous mèneront vers un avenir radieux, loin de la dépendance étrangère et vers une véritable libération monétaire.

Also by DM Ole Kiminta

How the Western Democracies failed the world
How the Western Democracies failed the world
Supporting Refugees in their Homelands
Tethered to the kitchen: Concerted global responsibility for Afghanistan women's rights
Dissuading Global War Mongers:
Dissuading war mongers
Beyond borders: Afghanistan women's rights
La Libération Monétaire en Afrique

About the Author

DM Ole Kiminta is a Canadian of Maasai heritage. He spent many years working in USA, Britain and in Canada. He is an Industrial engineer, Petroleum engineer and Chemical engineer. Ole Kiminta was educated in USA and United Kingdom. Some of his published research work include Material science, carbon fibres and other composite materials, Polymeric materials, and Particle technology. He currently works for the Canadian government and lives in Toronto Canada with his family.